KNAUR✶

Magdalena Bienert

Ein Mann für Mama

Wie ich mit meiner Mutter loszog, um die Liebe zu finden

Besuchen Sie uns im Internet:
www.knaur.de

Originalausgabe Dezember 2019
© 2019 Knaur Verlag
Ein Imprint der Verlagsgruppe
Droemer Knaur GmbH & Co. KG, München
Alle Rechte vorbehalten. Das Werk darf – auch teilweise – nur mit
Genehmigung des Verlags wiedergegeben werden.
Covergestaltung: Isabella Materne
Coverabbildung: Franziska Albrecht
Satz: Adobe InDesign im Verlag
Emoticons im Innenteil: pixelliebe / Shutterstock.com
Druck und Bindung: CPI books GmbH, Leck
ISBN 978-3-426-21465-7

2   4   5   3   1

Für alle Mütter,
vor allem die alleinerziehenden,
für die Väter, die geblieben sind,
und natürlich
für meine Mama

I trust the next chapter
because I know the author

Inhalt

Einleitung 11

1 Today is the day 15

2 Das Leben beginnt außerhalb
der Komfortzone 19

3 Warum wir wurden, wer wir sind 25

4 Liebe analog 36

5 Liebe virtuell 45

6 Happy birthday to you 54

7 Anpassungsgestörte sucht
Persönlichkeitsriesen 64

8 »Hier fliegen gleich die Löcher aus'm Keese« 70

9 Keine halben Flaschen mehr 80

10 Please Mr Postman 94

11 Teestunde mit dem Annoncenkönig 103

12 Deep Talk 120

13 Zielgruppe »Senior« 130

14 Auf eigene Faust 144

15 Geselliges Beisammensein 153

16 Love is in the air 167

17 Let's talk about sex (explicit!) 179

18 Das Single-Papa-Date 195

19 Speed-Dating in Slow Motion 202

20 Werde, der du bist 216

21 Dünne Luft in der oberen Liga 224

22 (K)ein Mann für Mama? 237

Nachwort 241

»Ein Fragebogen für Mama« 245

Dank 249

Quellenverzeichnis 251

Einleitung

Gemeinsam mit meiner 72-jährigen Mutter habe ich Ausschau nach einem neuen Lebenspartner für sie gehalten. Wir haben einander durch die vielen Gespräche, die wir durch das Projekt miteinander geführt haben, noch besser kennengelernt, und was uns dabei wenig verwundert hat: Männer wurden da manchmal auch zweitrangig.

Ich bin über meinen Beruf der Hörfunkjournalistin darauf gekommen, meine Mutter für einen Podcast (also als Serie für eine riesige Audio-Bibliothek im Netz) mit meiner Idee der gemeinsamen Suche zu überfallen. Es gab einen Ideenwettbewerb (»Call for Podcast«) des Bayerischen Rundfunks für neue Podcast-Formate, und ich fand den Gedanken spannend, meiner Mutter offiziell als Journalistin auch Fragen stellen zu können, vor denen ich mich als Tochter gescheut hätte. Wann redet man beim Kaffeekränzchen mit den Eltern über ihr Sexleben oder fragt, ob sie sich eigentlich auch mal einsam fühlen? Wir beide haben kein Blatt vor den Mund genommen und durch die Auseinandersetzung mit dem Thema Liebe auch viel über eigene Erfahrungen und Denkweisen reflektiert.

Gleichaltrige Freundinnen meiner Mutter sind dabei genauso zu Wort gekommen, und wir haben mit ihnen über ihre Bedürfnisse gesprochen.

Die Sehnsüchte und Wünsche der sogenannten Silver Ager wurden lange in der Öffentlichkeit sehr stiefmütterlich behandelt. Diese Generation ist eben nicht so laut, wenn es um das Äußern der eigenen Bedürfnisse geht, wie kleine Kinder. Natürlich erscheinen solche Sehnsüchte uns bei Menschen in dem Alter auch nicht mehr so zukunftsweisend wie Träume von jungen Erwachsenen.

Zum Glück ändert sich das Bild der »Generation Rentner« in der öffentlichen Wahrnehmung allmählich. Es gibt Filme, in denen faltige nackte Haut gezeigt wird, und Senior*innen, die sogar Sex haben dürfen; es gibt grauhaarige Topmodels und viel geklickte YouTuber*innen, die um die 70 sind.

Wir werden immer älter und bleiben länger fit. Viele Rentner*innen sind wesentlich internetaffiner als noch vor wenigen Jahren. Kein Wunder, dass im Rentenalter auch der Singlemarkt boomt. Das Angebot an Partnerbörsen, Veranstaltungen oder Reisen in diesem Segment hat rasant zugenommen. Die Digitalisierung ist zwar für viele Silver Surfer eine Herausforderung, aber nicht wenige nehmen diese an, schließlich erlaubt sie ihnen, völlig neue Möglichkeiten auszuschöpfen, andere Menschen und potenzielle Partner auf diesem neuen Weg kennenzulernen.

Liebe im Alter ist ein wichtiges, aber tabuisiertes Thema, und ich lade Sie herzlich ein, uns bei der Suche nach der späten Liebe zu begleiten.

Ich bin dankbar, dass meine Mutter Monika Ja gesagt hat zur Idee der öffentlich geteilten Partnersuche, denn auch ich habe schnell gemerkt, dass dies einen Nerv trifft. Warum Monika nicht lange gezögert hat zuzusagen?

»Ich kenne das doch aus meinem Freundinnenkreis. Oft ist das Thema bei uns Singlefrauen: ›Wo können wir denn noch mal jemanden kennenlernen?‹ Das betrifft also nicht nur mich! Ich bin nur das Versuchskaninchen!«

Und so konnte der »Ein Mann für Mama«-Podcast entstehen, wir beide über unseren familiären Tellerrand schauen und Sie dieses Buch in den Händen halten. Vielleicht haben Sie es ja sogar von Ihrem tollen Kind geschenkt bekommen.

Und: Danke, Mama, dass du nie aufgehört hast, neugierig auf das Leben und die Liebe zu bleiben.

Kapitel 1

Today is the day

»Ich glaube, ich finde diese Idee nicht so gut.«

Sagte meine Mutter, als ich sie mit meinem, wie ich fand, großartigen Einfall der Männersuche überraschte.

Warum ich überhaupt einen Mann für Mama finden will, fragen Sie sich vielleicht. Ist sie dazu nicht selbst in der Lage? »Braucht« sie denn überhaupt einen Mann?

Ich trage diese Idee von »Ein Mann für Mama« schon sehr lange mit mir herum, denn natürlich hinterfragt man mit zunehmendem Alter nicht nur den eigenen Lebensweg, sondern auch den der Eltern. Zumindest habe ich das getan. Es ist nicht so, dass meine Mutter einen unglücklichen Eindruck machen würde, im Gegenteil, sie ist aufgeschlossen, unternehmungslustig und fit wie ein Turnschuh mit ihren 72. Und genau deshalb treibt mich meine Idee um. Ich finde, meine Mutter könnte das Leben eines Mannes, der ähnlich tickt wie sie, unglaublich bereichern – und umgekehrt. Von »brauchen« kann keine Rede sein, aber haben wir je über »wünschen« gesprochen?

Und zugegeben, natürlich würde es mich auch beruhigen zu wissen, dass sie nicht allein lebt, dass noch jemand anderes da ist außer mir, der ein Auge auf sie hat. Ja, diese Idee ist auch ein klein wenig eigennützig. Meine Mutter reist gern, und wir haben schon viele Städtetrips hinter uns, aber ich hätte nichts dagegen, von ihr Postkarten zu bekommen von Orten, die sie gemeinsam mit einem tollen Mann entdeckt. Ich finde einfach, meine Mutter ist, so eigenwillig sie auch sein kann, zu schade für die eigenen vier Wände.

Ich bin als freiberufliche Hörfunkjournalistin und Podcasterin die meiste Zeit damit beschäftigt, Auftragsarbeiten zu erledigen. Was ein Segen ist und worüber ich mich keineswegs beschweren möchte. Ich liebe es, Interviews mit den unterschiedlichsten Menschen zu führen, ob es Celebritys, Künstler*innen oder meine Nachbarn sind. Kurze tagesaktuelle Beiträge oder auch mal längere Features für die öffentlich-rechtlichen Radiosender zu produzieren ist zwar meine Leidenschaft, doch für aufwendige, richtig langfristige Herzensprojekte bleibt sehr selten bis gar keine Zeit. Beziehungsweise ich habe sie mir nicht genommen, denn als Freiberuflerin freut man sich, wenn das Einkommen halbwegs regelmäßig auf dem Konto ankommt.

Experimente fallen mir schwer. Vielleicht auch, weil es Zeiten gab, in denen meine alleinerziehende Mutter und ich wirklich wenig Geld zur Verfügung hatten und ich es als Teenager richtiggehend ätzend fand, jeden Pfennig zweimal umdrehen zu müssen und auf Markenklamotten monatelang zu sparen. Kurzum, die Leichtigkeit, mir eine Auszeit für Herzensangelegenheiten zu nehmen, muss ich erst noch finden.

Daher war ich über den Ideenwettbewerb heilfroh, denn plötzlich tat sich dieses Fenster auf: das Projekt mit meiner Mutter zu starten und dafür bezahlt zu werden.

Aber, ob sie überhaupt dazu bereit wäre?

Ein kurzes Interview zum langjährigen Singledasein ist schließlich etwas anderes als eine zehnteilige Serie à 20 Minuten, und das womöglich im Wochentakt!

Je länger ich darüber nachdachte, desto mehr fiel mir auf, wie wenig ich über die Bedürfnisse und Wünsche meiner Mutter wusste. Und wie sie zu dem ganzen Männerthema überhaupt stand. War sie noch offen dafür, jemanden kennenzulernen? Jemanden in ihr Leben zu lassen? Der letzte wichtige Mann, mit dem sie bis heute eng verbunden ist, heißt Volker. Ihn hat sie mit 50 kennengelernt. Davor gab es meinen Vater, da war meine Mutter 35. Aber aus dieser Affäre ergab sich leider nichts Festes, obwohl meine Mutter es sich sehr gewünscht hatte. Dann spricht sie noch manchmal von ihrer großen Liebe während des Schauspielstudiums, und es gab Peter, nach dem Studium. Er ist auch heute noch mit Mama befreundet. Warum sie nie einen Heiratsantrag bekam oder stellen wollte, beantwortet sie heute so:

Mein Lebensmotto war immer: Ich brauche keine Ehe, denn das ist doch nur eine bürgerliche Versorgungseinrichtung, die ich nicht nötig habe. Mein Beruf ist mir eh wichtiger als jeder Mann. Natürlich gab es Männer in meinem Leben! Aber ich war sehr frei in meinen Entscheidungen, welcher Mann wie lange mein Bett teilen durfte.

Ob das heute noch einmal jemand dürfte, mit Mama das Bett teilen? Oder hat sich das Thema ab einem bestimmten Alter erledigt?

Meine Mutter ist natürlich nicht der einzige Single in ihrem Freundeskreis. Daten ihre Freundinnen eigentlich noch? Wenn es Tinder für moderne heterosexuelle Singles gibt und Grindr für Homosexuelle, wo begeben sich dann die Silver Surfer auf die Suche? Was treibt diese Generation in Sachen Beziehung überhaupt noch?

In meinem Kopf schiebe ich die Möglichkeiten hin und her: Anzeigenschalten, Ausgehen, Tanzen, Kultur, lustige Senioren-Singlepartys, Speed-Dating und was es da sicher alles so gibt. Mit der eigenen Mutter auf den Putz hauen – für manche mag das eine schreckliche Vorstellung sein, aber ich stelle mir das wirklich unterhaltsam vor, und ich habe richtig Lust darauf! Schließlich ist unser Verhältnis eng und innig. Außerdem bin ich wahnsinnig neugierig, was uns dabei erwartet.

Ich muss nur noch meine Mutter davon überzeugen.

Kapitel 2

Das Leben beginnt außerhalb der Komfortzone

Ich betrachte meine Mutter von der Seite. Ihr frisch nachgefärbtes, halblanges Haar leuchtet wieder in sattem Herbstblätterrot. Sie trägt den passenden Nagellack, den ich ihr zum letzten Geburtstag geschenkt habe. Tiefroten Lippenstift sowieso. Und dazu ihre vielen, vielen Falten, die von einst kurzen Nächten mit unzähligen Zigaretten erzählen, einem unbeschwerten Leben in der Sonne, vielen Lachanfällen, aber auch herzensschweren Abschieden.

Wir sitzen in ihrem Auto, auf dem Weg zu einem Weihnachtsmarkt, wo sie am Bühnenprogramm teilnimmt und die Weihnachtsgeschichte vortragen wird. In der amüsanten Variante auf Berlinerisch. Sie hat einen dunkelgrünen Schal über ihrem schwarzen, knielangen Mantel. Darunter dünne Nylons und schwarze gefütterte Wildlederstiefel bis unters Knie. Eigentlich etwas zu aufgebrezelt für den Besuch eines Weihnachtsmarktes, aber Auftritt ist Auftritt. Da macht sie als leidenschaftliche Schauspielerin, wenn auch in Rente, keinen Unterschied.

Diese gepflegte Erscheinung ruft auf einmal, während sie abbremst: »Mensch, so ein Affe! Na los, fahr doch, du kommst doch vorbei!«

Meine Mutter wedelt energisch mit der linken Hand, um dem Audifahrer-»Affen« anzuzeigen, dass er endlich vor ihr einscheren soll, wenn er in diesem Leben noch die Fahrbahn wechseln möchte, die gerade einspurig geworden ist. Der kleine Vogelkäfig aus Metall, der am Rückspiegel hängt, baumelt nervös.

Ich werfe einen Blick zu meiner kleinen Tochter auf dem Rücksitz. Sie ist zum Glück eingeschlafen und hat ihre fluchende Oma nicht gehört. Sie wird also hoffentlich nicht demnächst in der Kita ihre Freunde auf dem Bobbycar als Affen beschimpfen. Eigentlich bringt meine Mutter so schnell nichts aus der Ruhe, aber im Straßenverkehr wettert sie manchmal los wie ein nass gewordener Rohrspatz.

Meine Mutter gehört zu den 45 Prozent der weiblichen 65-plus-Generation, die in Deutschland allein leben. Das ist viel. Bei Männern sind es nur 19 Prozent. Also ist klar, dass nicht jedes Stückchen Erdbeerkuchen eine tolle Portion Schlagsahne abbekommt, aber zumindest bei meiner Mutter möchte ich es versuchen: Ich möchte ihr einen Mann ins Leben zaubern. Auch, wenn sie oft so tut, als würde sie sich nicht viel aus Schlagsahne machen. Und erst recht darf es keine 0815-Sahne aus der Sprühdose sein!

Ich atme durch, zücke unauffällig mein Aufnahmegerät, das ich auch für meine Radio-Interviews oft dabeihabe, und überfalle meine Mutter mit meiner Idee:

»Mama, weißt du noch, dass wir vor sehr, sehr langer Zeit mal darüber gesprochen hatten, dass ich das Projekt »Ein Mann für Mama« mit dir umsetzen will? Eine Männersuche auf verschiedenen Kanälen?!« Erwartungsfroh schaue ich sie an.

Doch sie blickt irritiert zu mir herüber: »Äh, ja. Ganz dunkel erinnere ich mich. Aber ich glaube, ich fand die Idee nicht so gut.«

Zum Glück kenne ich meine Mutter ja schon etwas länger und habe nicht vor, diesen Einwand gelten zu lassen. Ich erzähle ihr von der tollen Möglichkeit des Podcasts. Beim Wort »Podcast« stocke ich: »Mama, weißt du überhaupt, was ein Podcast ist?«

»Natürlich, ich bin doch nicht von gestern!«, antwortet meine 72-jährige Mutter empört. Ich muss ihr also nicht erklären, dass Podcasts wie eine riesige Online-Bibliothek für Audios funktionieren, in der man sich jederzeit unzählige Formate anhören kann, von Interviews über Ernährungs- und Lebenstipps bis hin zu Reportagen und wahren Geschichten in Serie erzählt. So, wie ich mir »Ein Mann für Mama« auch vorstelle.

Ich hatte es für den Moment vergessen. Aber meine Mutter ist absolut auf der Höhe unserer Zeit und alles andere als eine typische Rentnerin. Die Farbe Beige kommt bei ihr nur als Make-up-Grundierung vor, sie geht wöchentlich ins Frauen-Fitnessstudio, sendet mir regelmäßig per Mail Zeitungsartikel, die sie im Netz gelesen hat, und eBay ist quasi ihr zweiter Vorname. Bis auf Instagram nutzt sie mit ihrem Smartphone vieles, was ich auch benutze, außerdem hat sie für jede Lebenslage das passende Emoji bei WhatsApp parat. Neulich hat sie sich für ihre vielen unterschiedlichen Lampen im Wohnzimmer eine Fernbedienung gekauft und so programmiert, dass sie mit einem Klick die passende Lichtstimmung für jede Lebenslage einstellen kann. Natürlich weiß sie, was ein Podcast ist! Aber warum erinnere ich mich nicht an einen Mann für jede Lebenslage?

Die technische Seite der Veröffentlichung unserer Geschichte beschäftigt meine Mutter auch nur kurz. Was an ihr nagt, ist, was ich da eigentlich von ihr verlange. Aber schnell sprudelt es auch schon aus ihr heraus.

»Aber Magda, es gibt ja keine Männer mehr! Ich gucke ja immer, aber es gibt nur ganz wenige Männer, die mich wirklich interessieren. Die meisten in meinem Alter sind außerdem weggestorben, oder sie sind wortwörtlich einfach alt. Also geistig so alt. Und das ist etwas, was ich ja überhaupt nicht ertrage.«

Meine Mutter blickt mich kurz an und lenkt ihre Aufmerksamkeit dann wieder auf die Straße. Als würde sie laut nachdenken, sagt sie: »Das muss einfach einer sein, der noch geistig interessiert ist, der Ansprüche hat, der sich pflegt – und zwar in jeder Hinsicht! Geistig wie seelisch und körperlich. Das ist schon eine Hürde!«

Ich verziehe ungläubig das Gesicht: »Echt? Das sollte man ja eigentlich nicht meinen ...«

»Ja doch, ich merke das immer bei meinen Lesungen.«

Ich sehe meine Mutter vor mir, wie sie bei ihren Lesungen (über Künstlerpaare des 20. Jahrhunderts) an ihrem Tisch sitzt und auf die mit lauter Frauen besetzten Stuhlreihen blickt. Selten haben einige von ihnen, wenn vorhanden, ihre Männer mitgeschleppt.

»Von den wenigen Männern, die überhaupt kommen, möchte ich keinen haben«, sagt Mama ehrlich. »Und dann kommt noch hinzu, dass ältere Männer vor Frauen wie mir Angst haben. Vermutlich, weil ich so emanzipiert bin, also im positiven Sinne emanzipiert. Und dann bin ich natürlich auch noch etwas eigenwillig«, fügt Mama augenzwinkernd hinzu und schiebt für diese Charaktereigenschaft auch gleich eine Erklärung hinterher. »Wahrscheinlich durch meinen Beruf und weil ich immer selbstständig war. Und außerdem kann ich mich eben auch gut mit mir alleine beschäftigen.«

Sie überlegt, während sie links abbiegt und wir Rand-

berlin ansteuern. Ich sehe eine leere Pferdekoppel vorbei-
ziehen. Diese Leere erinnert mich daran, dass ich eigentlich
gar nicht so genau weiß, wer als ein Partner für meine
Mutter geeignet wäre. Es gibt natürlich Volker, einen sehr
engen Freund. Mit ihm telefoniert Mama täglich, er ist so
etwas wie ihr Seelenpartner, aber er wohnt inzwischen fast
400 Kilometer weit weg, und die beiden sehen sich nur
selten.

Wie würde ich mir denn einen Mann für sie vorstellen?
Ob er groß oder klein wäre, ist mir natürlich egal, aber ich
weiß, dass sie größere Männer attraktiver findet. Eigentlich ist die Ausstrahlung das Wichtigste. Er sollte außerdem
witzig und gebildet sein, gern auch ein bisschen verrückt.
Die Betonung liegt auf »ein bisschen«! Und im besten Fall
legt er auch einen guten Stil an den Tag, sowohl kleidungs-
technisch als auch im Verhalten. Denn wie wohl viele Frau-
en in Mamas Generation weiß sie einen echten Gentleman
zu schätzen.

Meine Mutter reißt mich mit ihren Überlegungen aus
den Gedanken.

»Obwohl es natürlich manchmal Situationen gibt, wo ein
Mann fehlt, na klar. Essen gehen zum Beispiel. Das mache
ich ja nicht gern alleine, und immer nur mit meinen Freundinnen essen zu gehen, das ist doch langweilig. Da vermisse
ich das gewisse Etwas. Ich flirte doch so gern. Na ja, und
beim Tanzen natürlich fehlt auch ein Partner. Wo ich doch
so gerne taaanze!«

So, wie sie das Wort ausspricht, schwingt die Erinnerung
an ihre Jugend und ihre wilden Zwanziger mit. Sie liebte es,
Rock'n'Roll zu tanzen, und ist auch heute noch einigen
Standardtänzen nicht abgeneigt. Es fehlen allein die Gelegenheiten!

Eine rote Ampelphase später fügt sie hinzu: »Also eigentlich bin ich offen für eine Suche.«

Na bitte. Ich atme hörbar aus und freue mich riesig, dass es nun wirklich etwas werden könnte mit unserem Podcast – und mit den Männern. Sofort schwirren zig Fragen unsortiert in meinem Kopf herum, und ich hake nach, warum die Männersuche offenbar nie Priorität bei ihr hatte.

Mama sagt, ohne zu überlegen: »Ich habe mich damit nie auseinandergesetzt, weil ich so ein erfülltes Leben hatte. Ich hatte nie das Gefühl, dass ich etwas versäumt habe. Und ich hatte ja auch immer tolle Männer an meiner Seite. Das hat mich natürlich ein bisschen versaut für alle kommenden.«

Wir müssen lachen, und ich nutze den heiteren Moment für eine Frage, die ich wohl nie gestellt hätte, wenn ich nicht gerade ein Mikrofon in der Hand hielte und eine Mission hätte: »Und würde Sex auch noch 'ne Rolle spielen?«

»Na sicher.«

»Deshalb käme also schon mal kein Gleichaltriger infrage!«, sage ich leichthin.

»Ach, es gibt da ja viele Spielarten«, fügt meine Mutter verschmitzt hinzu.

Oha. Die Sexfrage. Dinge, die man eigentlich von den Eltern nicht wissen möchte. Aber mir ist klar, dass wir, wenn wir erfolgreich zusammen das Projekt »Männersuche« angehen wollen, wohl beide unsere Komfortzone verlassen müssen. Irgendwie freue ich mich darauf.

Als kurze Zeit später klar ist, dass wir mit »Ein Mann für Mama« die Jury des Podcast-Wettbewerbs überzeugen konnten und nun eine zehnteilige Serie dazu produziert werden soll, gibt es kein Zurück mehr.

Kapitel 3

Warum wir wurden, wer wir sind

»Schieb dir deine Scheißwestfrucht doch in deinen Scheißwestarsch!«, brüllte ich und zielte mit der harten, unreifen Kiwi auf Sigmar. Ich war wohl acht oder neun und Sigmar der erste »richtige« Freund an Mamas Seite, und ich hasste ihn. Es war ein ehrliches, tiefes und rundum vereinnahmendes Gefühl, wie nur Kinder es spüren, wenn sie befürchten, ihnen könnte etwas sehr Wertvolles weggenommen werden.

Gut, so laut sei ich gar nicht gewesen, sagt meine Mutter heute, und daran, dass ich die Frucht wirklich geworfen hätte, könne sie sich auch nicht mehr erinnern. Aber ich bin sicher, dass ich die vergiftenden Worte im Raum fühlen konnte. Ich weiß noch sehr genau, wie mir diese pelzige und ungemein saure Kiwi die Zunge verätzte und sie in gefühlt hundert Bläschen verwandelte. So sollte der Westen ab jetzt für mich schmecken? Sigmar, diesem Kerl aus Westberlin, sei Dank?

Es hat fast 20 Jahre gedauert, bis ich wieder eine Kiwi probierte. Es war eine ganz, ganz weiche mit sehr dunkelgrünem, schon leicht glasigem Fruchtfleisch. Überreif müssen sie sein, so liebe ich Kiwis.

Mama war sehr verknallt in Sigmar, er sollte aber auch unser Türöffner nach Westberlin sein, wohin meine Mutter mit mir ausreisen wollte. Sie war als Schauspielerin und

Anhängerin eines regimekritischen Künstlerkreises der ständigen Willkür und Erniedrigung durch die Stasi ausgesetzt. Nächtelange Verhöre, während derer sie mich, ihr Baby, mutterseelenallein zu Hause wusste, hatten ihren Entschluss weiter gefestigt: Bloß raus aus der DDR.

Sie und Sigmar wollten sogar heiraten. Dass das nur Taktik war, um Mamas Absichten glaubhafter darzustellen, konnte ich zu dem Zeitpunkt nicht überblicken. In meinen Augen war da nur dieser mittelmäßige Typ, der mir meine Mutter abspenstig machte. Im Nachhinein war es sicher gut, dass ich um das Ausmaß der mit einer Ausreise zusammenhängenden Dinge und Gefühle nichts wusste. Ich ahnte nicht, dass wir danach einer Besuchersperre unterlegen hätten und ich meine Freunde und meine geliebte Oma für unbestimmte Zeit nicht mehr hätte treffen können.

Stattdessen sah ich also nur, was in diesem Moment war, und das war er, dieser Kotzbrocken in meinem Leben. Er konnte allerdings gar nichts dafür, denn wovon er keinen Schimmer hatte: Sigmar war der erste offizielle Freund, den meine Mutter mir vorstellte. Ich war absolut geschockt. Ich wusste bis dahin nicht, dass in ihrem Leben Männer überhaupt eine Rolle spielen könnten, geschweige denn, dass es welche gab, die über das »Gute Freunde«-Ding hinaus Potenzial haben könnten. Ich dachte immer, meine Mutter braucht keinen Mann. WIR brauchen keinen Mann! Das strahlte sie doch mit jeder Geste aus, atmete es aus jeder Pore. Wir hatten ja uns! Was, wenn nicht mehr genug Liebe für mich übrig bliebe?

Hinzu kam, dass Sigmar noch einen ziemlich bescheuerten zwölfjährigen Sohn hatte, den ich natürlich ebenso hasste. Der Sohn mich ganz sicher auch, und das war fast schon ein bisschen beruhigend, weil ich so hoffen konnte, dass er die Beziehung zwischen unseren Eltern genauso sabotierte wie ich.

Ich war entgegen meiner Natur unfassbar garstig zu Sigmar und seiner schwarzen Lederjacke, die diesen schweren Geruch nach eben Leder und in meiner Nase widerlichem Männerparfum ausstrahlte. Eigentlich war es weniger der Geruch des künstlichen Duftes, den ich nicht mochte, sondern schlicht das damit assoziierte männliche Geschlecht. Einmal spuckte ich Sigmar auf diese Jacke, als er vor mir stand. Einfach um zu sehen, was passieren würde. Ich war sogar kurz über mich selbst erschrocken. Hoffte aber, ihn damit so weit provozieren zu können, dass er ausrastete und meine Mutter sein – in meinen Augen wahres – Gesicht erkennen würde. Leider konnte er sich beherrschen.

Als die Beziehung nach einem Jahr doch zu Ende ging, war ich sehr, sehr froh. Allerdings spielte ich dabei auch eine Rolle, wie meine Mutter mir lange Zeit später ganz ohne Groll erzählte. Gefangen in meinem Kinderhass-Gefühl war es mir reichlich schnuppe, wie es Mama mit diesem Beziehungsende ging. Ich war einfach unendlich beruhigt, dass sie ihn nicht heiraten und wir nicht aus unserem beschaulichen Randberlin im Osten wegziehen mussten. Tatsächlich saßen wir kurz darauf trotzdem auf gepackten Koffern, weil Mamas Ausreiseantrag unverhofft genehmigt worden war, auch ohne Heirat. Eine Ironie des Schicksals, dass wir am 10. November 1989 ganz legal nach Westberlin hätten ziehen dürfen.

Westberlin. Die bunte Parallelwelt begann in meiner kindlichen Vorstellung direkt hinter der lang gezogenen, grauen Mauer, die wir in Johannisthal so oft entlangfuhren. Und natürlich war ich neugierig darauf, wie es dahinter aussah, auch wenn ich auf dieses pelzige Kiwi-Dingens gut verzichten konnte. Als Mama und ich nach der Maueröffnung am 10. November 1989 an der Neuköllner Sonnenallee über die Grenze gingen, drückte mir direkt dahinter jemand eine Rolle Haribo in die Hände. Runde Gummibärchen in buntem durchsichtigem Papier. Haribo Roulette. Es gibt sie heute noch, und noch immer werde ich sentimental, wenn ich sie bei der »Quengelware« neben der Supermarktkasse liegen sehe. Dann erinnere ich mich an diesen besonderen Moment.

Ich war gerade erst zehn geworden, und meine Mutter sagt, dass ich sehr blass und still wurde, als wir zusammen das erste Mal Westberlin besuchten. Zum Glück stand Sigmar nicht auf der anderen Seite, dann wäre ich wahrscheinlich kollabiert. Sigmar, die Kiwi und runde Gummibärchen – meine ersten Erfahrungen mit dem Westen, die schon alle Gefühlslagen vereint hatten, die ich bis dahin so kannte. Hätte mir Sigmar statt der Kiwi ein Toffifee gegeben, vielleicht wäre alles ganz anders gekommen, denke ich manchmal.

Warum meine Mutter mir vorher nie einen Mann vorgestellt hat, obwohl es in ihrem Leben natürlich Affären und kurze Beziehungen gegeben hat, erklärte sie mir zum ersten Mal im Zuge unserer Interviews für den Podcast. Wir haben vorher nie wirklich darüber gesprochen.

»Ich wollte dir in der ersten Phase deines Lebens keine Männer vorsetzen, weil ich nicht wollte, dass du irgendwelchen Einflüssen unterliegst, die dann vielleicht wieder abgebrochen werden. Das hätte ich schlimmer gefunden, als dich sozusagen ›männerlos‹ zu erziehen.«

Natürlich habe ich sofort zurückgefragt: »Warum hast du dich überhaupt auf meinen Vater eingelassen? Du wusstest doch, dass er verheiratet war! Warum hast du trotzdem gedacht, es sei eine gute Idee, mit diesem Mann ein Kind zu kriegen?« Plötzlich habe ich viele Fragen, auf die ich keine Antwort hatte. Erst für den Podcast fängt meine Mutter an, ihre Sicht der Dinge für mich aufzuschreiben.

Meine biologische Uhr tickte. Als ich mich in meinen Kollegen verliebte, beschloss ich, dass er der Vater meines Kindes sein sollte. Außerdem war er immer sehr fürsorglich mit seinem kleinen Sohn, den er bereits hatte. Er strahlte so etwas Familienkompetentes aus, und ich habe gedacht: Jetzt oder nie. Eine gute Freundin sagte immer zu mir: Du musst unbedingt ein Kind kriegen, du bist die geborene Mutter! Also setzte ich die Pille ab, natürlich in der Hoffnung, dass mein Geliebter bei mir bliebe, falls ich wirklich schwanger werden würde. Er lebte auch mit seiner Frau nicht mehr zusammen, ich nahm das als Zeichen, dass seine Ehe nicht mehr funktionierte. Was auch stimmte. Als ich dann schwanger war, hat sich dein Vater sofort von seiner Frau, allerdings auch von mir getrennt. Ich habe eigentlich damit rechnen müssen, aber es war natürlich schrecklich. Ich habe damals in einer Art WG gelebt, und hätte ich nicht meine guten Freunde dort gehabt, wäre es für mich alleine sehr schwer geworden. Als du geboren

warst und ich ihn darüber informiert habe,
hat er einen Vaterschaftstest verlangt. Ich
sagte damals zu ihm: »Bitte schau sie dir
doch einfach an!« Du hast ja ausgesehen wie
er. Aber er hat lieber prozessiert, damit
ich dem Test zustimme. Die 800 Mark hätte er
sich sparen können: Du bist natürlich zu
99,99 % sein Kind.
Für mich wurdest du ohne ihn also das »Meinkind«. Ein Wort, das ich mir bei der
Schriftstellerin Monika Maron geliehen habe.

Mein Vater hatte einen sündhaft teuren Vaterschaftstest verlangt, anstatt sehen zu wollen, wie ähnlich wir uns waren. Das nach all den Jahren so direkt zu hören tut schon ein bisschen weh. Meine Mutter hat diesen Test sogar bis heute aufgehoben, zusammen mit einem vertrockneten, bräunlichen Etwas. Sie vermutet, dass es sich dabei um ein Stückchen Nabelschnur handelt. Ich habe es heimlich entsorgt.

Ich sollte mich mal wieder bei meinen Halbgeschwistern melden, denke ich während der Podcast-Produktion. Mein Vater hatte sich in seiner flatterhaften Manier direkt nach Mamas Schwangerschafts-Info auf die nächste Blüte gesetzt. Ich wusste von meiner Mutter früh, dass ich väterlicherseits nicht nur drei Brüder, sondern auch noch eine Schwester hatte. Meine Mutter schätzte, dass sie jünger sein musste als ich. Nach dem Tod unseres umtriebigen Erzeugers trafen alle meine Halbgeschwister und ich zum ersten Mal aufeinander. Es war eines der bewegendsten Treffen meines Lebens. Wir verstanden uns alle auf Anhieb und spürten, trotz unserer Unterschiedlichkeit, ein tiefes emotionales Band, das bis heute hält. Meine Schwester und ich mussten allerdings sehr erstaunt und für einen kurzen Moment auch fassungslos feststellen, dass wir gleich alt waren. Hanna ist lediglich neun Monate jünger als ich. Außerdem haben wir neben dem Ältesten, Matthias, noch zwei Halbbrüder, Tom und Tim. Die beiden sind von der letzten Frau unseres Vaters, der wirklich kein Kind von Traurigkeit war. Als er Anfang der 2000er-Jahre an Krebs verstarb, sorgte Matthias dafür, dass wir uns alle endlich kennenlernten. Ich bin ihm bis heute sehr dankbar dafür und habe durch Matthias, der ja viele Jahre mit unserem Vater verbracht hat, im Nachhinein vieles besser einordnen und verstehen können.

Meine Mama rutscht bei unserem persönlichen Gespräch, um das ich sie nach Erhalt der »Meinkind«-E-Mail bitte, tiefer in meine Couch und blickt dabei suchend in die Luft: »Im Nachhinein bedauere ich die ganze Situation von damals schon, muss ich ehrlich sagen. So leicht, wie ich das zu dieser Zeit genommen hatte und fand, dass das schon alles gut so ist, wie es ist – heute würde ich sagen, es ist nicht gut gewesen.«

»Warum?«, frage ich sie.

»Na wegen Yin und Yang, männlicher und weiblicher Energie, Vater und Mutter. Dir fehlte ja der Ausgleich, vor allem in der Auseinandersetzung. So warst du mir sozusagen ausgeliefert! Und ich weiß ja, dass ich eine starke Persönlichkeit bin. Obwohl ich natürlich auch immer versucht habe, dich loszulassen. Heute würde ich sicher nicht mehr allein ein Kind bekommen und großziehen. Mal außer Acht gelassen, dass ich natürlich inzwischen eh viel zu alt dafür bin ...«

Yin und Yang. Die Auseinandersetzung, mein wunder Punkt. Ich habe bis in meine 30er hinein immer gedacht: So ein Glück, dass du kein Scheidungskind bist. Dein Vater spielte von Anfang an keine große Rolle, also konnte er dir auch nicht fehlen. Du hast sicher keinen Knacks. Und auf wesentlich ältere Männer stehst du auch nicht – läuft doch.

Ich war nie mit Arschlöchern zusammen. Ich ließ mich nicht schlecht behandeln, liebte innig, stritt kaum, aber irgendwann ging ich dann. Weil die Liebe sich nicht mehr bedingungslos anfühlte und es irgendwie anstrengend wurde. Oder die Leichtigkeit verloren gegangen war. Außerdem verbrachte ich auch gern Zeit mit mir allein und genoss meine Unabhängigkeit immer sehr. Ich war davon überzeugt, dass man wahrscheinlich nicht beides in einer Beziehung haben kann.

Heute, viele Therapie- und Coachingstunden später, weiß ich, dass ich einfach nie vorgelebt bekam, wie man sich mit seinem Partner wirklich auseinandersetzt. Wie man Dinge diskutiert, ohne dabei gleich die Beziehung infrage zu stellen. Wie man an einer Beziehung »arbeitet«, wie es immer so schön heißt, obwohl mich dieses Wort »Beziehungsarbeit« schon allein beim Lesen müde macht. Aber natürlich entsteht ein auf Respekt und Toleranz basierendes Zusammenleben selten von heut auf morgen und ohne eigenes Zutun.

Das nicht vorgelebte Beziehungsmodell fiel mir mit der Geburt meiner Tochter so richtig auf die Füße. Wie geht »Vater-Mutter-Kind« überhaupt? Von dem Moment an, als meine Tochter auf der Welt war, konnte ich nicht mehr so einfach verschwinden, egal, wie unsicher ich wurde. Dass ich unbewusst mein Leben mit Kind gerade in seinem ersten Jahr trotz Beziehung möglichst alleinerziehend gemanagt habe, war mir zu diesem Zeitpunkt überhaupt nicht klar. Verantwortung an den Partner übertragen? Um Hilfe bitten? Es völlig normal zu finden, nicht alles allein wuppen zu müssen (zu können, das ist eine andere Frage, na klar, aber eben nicht zu müssen) – das kam in meinen Denkstrukturen einfach nicht vor. Ich und mein Partner sind ziemlich tief in die Eltern-Falle getappt: die absolute Hinwendung zum Kind, eigene Bedürfnisse komplett hintanstellen, aus Mann und Frau werden Mami und Papi, und das war's. Und ich habe dabei noch wunderbar das Erziehungsmodell meiner Mutter übernommen. Habe die tiefstmögliche Kindbindung forciert, habe versucht, alles allein hinzubekommen, und nebenbei immer auf mein eigenes Geld geachtet, um jederzeit frei und unabhängig vom Partner zu sein, falls es doch schiefgeht.

Was es tat. Der Soziologe Robert King Merton hat dafür das Konzept der sich selbst erfüllenden Prophezeiung erarbeitet. Die unbewusste Verhaltenssteuerung sorgt dafür, dass sich die eigene Befürchtung tatsächlich erfüllt. Herzlichen Glückwunsch, dachte ich nur, als es endlich klick machte und ich begriff, wie ich quasi unbewusst aufs Alleinerziehen hingearbeitet hatte.

Aus den 70er-Jahren stammt das Bindungskonzept der »Triangulierung«, und es beschreibt diese wertvolle Dreiecksbeziehung einer jungen Familie vor allem in den ersten Jahren nach der Geburt. Wenn das Kind durch die Abnabelung der Mutter in eine Krise gerät, ist der Vater als Fels in der Brandung zur Stelle und schützt das Kind vor schweren Verlustängsten. Seine Rolle besteht darin, dem Kind dabei zu helfen, seine Symbiose-Wünsche mit der Mutter aufzugeben. Er dient als Puffer und als zweite Identifikationsfigur. Klingt total logisch, als ich davon beim Therapeuten Horst Petri las, fühlte ich mich dennoch seltsam ertappt. Ich war aber auch überrascht, wie wenig das Dilemma des Kindes offenbar von einer Person allein aufgefangen werden kann.

Fühle ich mich eigentlich vollständig abgenabelt? Mit fast vierzig? Dass Mama und ich uns zur gleichen Zeit anrufen oder Nachrichten schreiben, verwundert uns längst nicht mehr. Wir sind so eng miteinander verbunden, dass es wirklich nicht überrascht, dass mir ihr Männerbild unbewusst in Mark, Bein und Herz übergegangen ist: »Männer können eine tolle Bereicherung sein, aber es ist immer besser, sich nicht auf sie zu verlassen«, das strahlte sie für mich immer aus.

Ich bin froh, dass ich irgendwann feststellen konnte, dass ich mir über mein persönliches Männerbild eine eigene, neue Meinung machen muss und auch kann. Zu diesem Zeitpunkt lag meine Beziehung allerdings schon in Scherben, und als ich damals zufällig ein Interview mit der österreichischen Politikwissenschaftlerin Mariam Irene Tazi-Preve las, hingen mir ihre Worte sehr lange nach. Tazi-Preve schrieb 2017 über das »Versagen der Kleinfamilie« und warum es eine »Vereinbarkeitslüge« wäre, der gerade Frauen aufsäßen, die krampfhaft versuchten, Beziehung, Job und Familie gleichermaßen unter einen Hut zu bringen.

Die Buchautorin brachte meine Gefühlswelt auf den Punkt, indem sie beschrieb, wie wir nach Mister oder Miss Perfect suchen würden, nach jemandem, mit dem es nie Streit und Konflikte gäbe. Das könne natürlich nur schiefgehen: »In den USA sagt man: ›It wasn't the right one.‹ Das heißt, man stellt den Menschen infrage, aber nicht das

Ideal, dem man aufsitzt. Die Menschen suchen etwas, das es nicht gibt, und verzweifeln an der Realität.«

Ich selbst konnte mich von dieser Verzweiflung mithilfe von Profis befreien. Und ich bin froh, dass ich diese Möglichkeit zulassen konnte, weil ich gespürt habe, dass es alte Muster sind, die ich unbewusst nachgelebt habe. Nicht unbedingt nur Verhaltensweisen von meiner Mutter, sondern unsere freigeistige Frauenlinie geht noch tiefer. Meine Mutter wiederum trägt genauso viel Unabhängigkeit und Stärke von ihrer eigenen Mutter in sich, die für damalige Verhältnisse eine sehr emanzipierte Frau war und Mama als ihr drittes Kind auf der Flucht in Schlesien zur Welt brachte. Davor hatte sie bereits als junges Mädchen ein uneheliches Kind geboren und zur Adoption freigegeben. Nach dem Zweiten Weltkrieg musste sie ihre drei Töchter allein durchbringen. Mein Opa kam erst fünf Jahre später aus der Kriegsgefangenschaft zurück. Wie sollen solche familiären Werdegänge spurlos an einem vorbeigehen? Das müssen sie gar nicht, finde ich. Die Frage ist doch nur: Wie gehen wir damit um?

Ist es möglich, sich, aus den eigenen festgefahrenen Mustern und prägenden Erlebnissen heraus, noch mal unbedarft einem neuen Menschen gegenüber zu öffnen und auch eine späte Liebe zuzulassen? Meine Mutter darf das Versuchskaninchen bei diesem Abenteuer sein.

Kapitel 4

Liebe analog

Ein paar Tage nach unserem Gespräch im Auto machen Mama und ich uns einen Schlachtplan, wie wir konkret vorgehen wollen. Während ich natürlich sofort an Onlineplattformen denke, schlägt Monika eine klassische Anzeige in ihrer Tageszeitung vor. Ich wusste gar nicht, dass dort überhaupt noch welche geschaltet werden!

Ich hole mir sofort aus Mamas Altpapier eine Samstagsausgabe und lese nach, wie das dort so aussieht. Die Anzeigen sind winzig klein ins untere Drittel des Berlin-Teils gequetscht: »Bekanntschaften & Freizeitpartner«. Alle Inserenten sind zwischen 55 und 75 Jahre alt und suchen eine neue Liebe. Die Anzeigen der Frauen überwiegen, mich verwundern ihre häufig genannten Attribute wie »fleißig« oder »anschmiegsam«. Das ist jedenfalls nicht Mamas Stil.

Wir überlegen lange hin und her, was wir schreiben, ob die Nennung des Berufs eher abschreckend ist oder nicht. Ist Mama eine »Gartenfreundin« oder eher eine »Stadtpflanze«? Sucht sie »kulturellen Austausch« oder direkt »romantische Ausflüge«? »Unabhängig« oder »Freigeist«? Was spricht welchen Typ Mann wohl an?

Es dauert eine gute Stunde, bis wir uns auf einen Text einigen können. Aufgrund des nicht gerade billigen Zeilenpreises entscheiden wir uns für eine eher knappe Annonce, in der aber, unserer Meinung nach, alles drinsteht:

Unabhängige Künstlerin,
liebt Stadt und Land,
sucht Mann für alle Lebenslagen +/– 70.

Eine Woche später sind wir 52 Euro ärmer, und die Anzeige erscheint klassisch in der Samstagsausgabe des *Tagesspiegels*. Wir sind wahnsinnig gespannt, was passieren wird. Aber zunächst einmal tut sich nichts.

Als ich bis zum folgenden Mittwoch nichts von Mama gehört habe, frage ich nach. Mama sagt ganz entspannt, dass der Verlag sicher erst einmal alle Briefe sammeln und dann gebündelt an sie weiterleiten werde. Aber weder Donnerstag noch Freitag bekomme ich eine Rückmeldung von ihr.

Ich werde wirklich unruhig. Was, wenn gar keiner reagiert? In meiner Magengrube macht sich bei dieser Vorstellung dasselbe Gefühl breit, das ich noch aus dem Sportunterricht kenne, wenn ich erst als eine der Letzten in die Völkerballmannschaft gewählt wurde.

Doch pünktlich, eine Woche nach Erscheinen der Annonce, liegt am Samstag ein großer Umschlag vom Zeitungsverlag in Mamas Briefkasten. Endlich! Trotzdem bin ich etwas enttäuscht, als mir meine Mutter am Telefon erzählt, dass zwei Briefe in dem Umschlag Werbung von anderen Partnerbörsen waren, die auch ihre Hilfe anboten. Lediglich drei Zusendungen stammten von echten Interessenten.

Im Nachhinein betrachtet waren wir wohl zu sparsam mit den Infos in der Anzeige. Wobei es erwiesenermaßen so ist, dass ältere Frauen weniger Zuschriften bekommen als Männer im gleichen Alter.

Das Online-Dating-Portal »Elitepartner« gibt in einer

Studie von 2017 an, dass Männer, wenn sie über 60 sind, mehr als dreimal so viele Erstnachrichten bekommen wie Frauen. Außerdem würden Männer, die über 50 sind, doppelt so viele Erstnachrichten erhalten wie Männer unter 50. Bei den Frauen ist es traurigerweise genau umgekehrt: Unter 50-Jährige erhalten viermal so viele Erstanfragen wie über 50-Jährige. Außerdem zeigte die Studie wenig überraschend, dass sich die Alterspräferenzen der Männer deutlich von denen der Frauen unterscheiden. Während Männer tendenziell eine jüngere Partnerin suchen und sich diese Einstellung mit dem Alter immer mehr verschärft, suchen Frauen in jüngeren Jahren eher einen Partner, der älter ist als sie. Mit dem Älterwerden öffnen sich Frauen aber auch immer mehr für jüngere Männer. Allerdings mit deutlich kleineren Altersspannen:

Männer zwischen 60 und 69 gaben dem Portal gegenüber an, eine Frau zu suchen, die zwei bis 13 Jahre jünger ist als sie selbst. Frauen in diesem Alter suchten einen Partner, der sechs Jahre jünger bis fünf Jahre älter sein solle. Da merkt man schon, wie weit die Interessen auseinanderdriften können. Und erschwerend für die Singleladys kommt dann noch dazu, dass Männer nach wie vor eine geringere Lebenserwartung haben. Denn obwohl jeder Fünfte in Deutschland über 65 Jahre alt ist (nach Italien übrigens der zweithöchste Anteil älterer Menschen in der Europäischen Union!), besteht diese Gruppe zu 57 Prozent aus Frauen und lediglich zu 43 Prozent aus Männern.

Wer also jemals einen tollen Mann über 60 gefunden hat: Unbedingt festhalten!

Laut den Ergebnissen der 13. koordinierten Bevölkerungsvorausberechnung wird im Jahr 2060 bereits fast jeder Dritte (31 Prozent) in Deutschland mindestens 65 Jahre alt sein. Und natürlich werden es immer noch mehr Frauen sein. Männer dieses Alters haben eine noch verbleibende Lebenserwartung von 17½ Jahren, 65-jährige Frauen können statistisch gesehen mit fast 21 Jahren rechnen. Es sieht also nicht gerade rosig aus für das weibliche Geschlecht, wenn es nicht allein alt werden möchte und eine gleichaltrige Partnerin keine Option ist.

Mama und ich geben allerdings nicht viel auf Statistiken. Man würde ja verrückt, wenn man sich immer vor Augen halten würde, dass wir im Alter von 80 Jahren über 24 davon im Bett verplempert haben (und nein, nicht mit Sex!) und zwölf mit Fernsehen! Außerdem: »Statistisch gesehen lässt sich alles verdrehen«, wie Erhard H. Bellermann so schön schrieb (Bauingenieur mit Hang zu Aphorismen).

Also weg von der schnöden Wissenschaft, hinein ins pralle Leben. Das kommt in Form eines Briefes von Alfredo daher. Er ist Italiener, wie wir unschwer am Namen erkennen.

Alfredo schreibt, er sei Lehrer im Ruhestand und würde sich sehr über einen Anruf freuen, vielleicht auch mal über einen gemeinsamen Kochabend.

Ich bin begeistert. Vor meinem geistigen Auge ziehen fabelhafte Pasta-Abende an mir vorbei und viele Besuche in seiner Heimat am Gardasee, wo er hoffentlich, aber ganz bestimmt doch noch Familie hat.

»Ein Lehrer ...« Mama runzelt die Stirn. Sie hat es nicht so mit Beamten, aber ich finde, ehemalige Lehrer, zumal italienische, sind nicht wirklich zum klischeebehafteten spießig-deutschen Beamtentum zu zählen.

Als ich am Dienstag darauf bei Mama zu Besuch bin, ruft

sie Alfredos Festnetznummer an und lässt mich mithören. Es klingelt ziemlich lange, fast will sie schon wieder auflegen. Es ist elf Uhr morgens, und als Alfredo endlich abhebt, macht es laut »plopp« in meinem Kopf, und mein Traum von einer neuen italienischen Großfamilie zerplatzt.

Aus frischer Pasta wird wieder Tiefkühlpizza, denn Alfredo sagt kurz angebunden und mit noch ziemlich verschlafener Stimme auf Mamas Begrüßung hin: »Ach, Sie sind's. Äh, ja, ich melde mich, es passt gerade nicht so, scusi. Ciao!«

Telefonat beendet.

Wir gucken uns entgeistert an. Das war ja mal eine schnelle und sehr unerwartete Abfuhr. Schließlich hatte er doch Interesse bekundet und nicht umgekehrt! Alfredo hat sich natürlich nie wieder gemeldet. Wir spekulierten, dass er vielleicht schon seit Langem Frauen Briefe schreibt und in der Zwischenzeit ganz andere an seinen Herd einlädt.

Doch wir lassen uns nicht entmutigen, denn es gibt ja noch einen zweiten Brief von einem gewissen Harald. Oder, wie er unterschreibt, »Harry«. Er erzählt darin, dass er auch Künstler sei, allerdings eher Richtung Hobby-Fotografie, er komme ursprünglich aus dem Norden und biete sich Mama gern für alle Lebenslagen an. Dazu legt er seine Festnetznummer und Mailadresse bei, aber wieder kein Bild. Doch der Brief ist nett geschrieben, die Schrift gut leserlich, an den Rand hat er eine kleine Welle mit Segelboot gezeichnet. Wahrscheinlich wegen seiner norddeutschen Herkunft, und das passt ja gut, schließlich haben Mama und ich auch mal in Schleswig-Holstein gewohnt.

Mama schreibt ihm per E-Mail zurück und bedankt sich

für die Zuschrift. Über eine Woche reagiert Harry nicht. Wir wollen schon desillusioniert das Thema Annoncen ad acta legen, als endlich eine Mail zurückkommt!

> Liebe Monika, verzeihen Sie, Ihre Mail ist in meinem Spam-Ordner gelandet …

Harry schreibt, er habe sich auch über die Post gefreut, und schlägt ein Telefonat vor.

Mama beschreibt mir im Nachhinein ihr Gespräch als etwas sachlich, aber durchaus nett.

Und das Beste: Harry hat Mama zu seiner Vernissage am darauffolgenden Wochenende eingeladen. Perfekt! Ich liebe Vernissagen! Küsschen links, Küsschen rechts, Schampus geradeaus. Da das ja kein Date im klassischen Sinne ist, kann ich ja wohl unverfänglich mitkommen, denke ich mir und freue mich auf die Gelegenheit, ihn vielleicht sogar vors Mikro zu bekommen.

Meine Mutter findet zum Glück auch, es sei kein Problem, wenn ich mitkäme. Sie schreibt es ihm sicherheitshalber noch mal per E-Mail.

Am Tag der Vernissage bin ich so aufgeregt, als hätte ich selbst ein Blind Date. Monika scheint es ähnlich zu gehen. Als wir uns eine Straßenecke vor der Galerie treffen und ich sie frage: »Na, wie geht's dir?«, kommt als Antwort nur ein vages »Na ja, ein bisschen komisch …«

Wir atmen durch und betreten selbstbewusst die kleine Galerie.

Als Erstes schießt uns ein winziges Exemplar von Hund laut kläffend entgegen. Mama lächelt ihn weg: »Na wer bist du denn?«, dabei hat sie diesen Unterton in der Stimme, den ich gut kenne. Er ist höflich, aber keineswegs entzückt. Hunde sind einfach nicht Mamas Ding. Und wenn doch, dann bitte »richtige«, also mindestens kniehohe Hunde. Noch besser wäre es natürlich, wenn uns hier eine Katze begrüßt hätte.

Bevor ich über Hunde- und Katzentypen nachdenken kann, steuert Mama auf einen eher kleinen Mann mit dichtem, grauem Haar und in hellem Anzug zu. Es ist Harry.

Wir stellen uns alle kurz vor, und schon entspinnt sich ein Gespräch. Harry spricht leise und mit einem mir sympathischen, leicht norddeutschen Akzent. Doch ich fühle mich ziemlich schnell wie in einer Soap: Hölzerne Dialoge, Darsteller mit Textproblemen, man möchte eigentlich wegschalten, aber aus einem unerfindlichen Grund schaut man doch zu – und ich höre diesmal ja sogar noch beruflich mit.

Aber selbst so distanziert betrachtet: Nein, es zündet irgendwie so gar nicht. Und immer wieder treten Leute zum Hallosagen an Harald heran. Außerdem sind in dem kleinen Raum bestimmt 38 Grad, auf Mamas Nase bilden sich kleine Schweißperlen. Wir ziehen unsere Jacken aus, behalten sie aber über dem Arm. Jederzeit bereit, schnell wieder zu gehen.

Die ganze Zeit neben meiner Mutter zu kleben geht auch nicht. Daher mache ich hier und da höflich Small Talk, streichele den kleinen weißen Wadenbeißer und trinke einen Espresso – Schampus wie in meiner Vernissage-Vorstellung gibt es hier nicht. Nicht nur deshalb fühle ich mich wie im falschen Film.

Zum dritten Mal gucken wir uns – wieder zusammen allein – die Schwarz-Weiß-Fotos an, die wirklich gut sind.

Es sind Porträts mit sonnengegerbten und von Falten zerfurchten Gesichtern von Plantagenbauern sowie weitläufige Landschaftsaufnahmen aus Südamerika.

Nach 20 Minuten verabschieden wir uns ohne viel Federlesens. Harry will wohl »Tschüss, Monika« sagen, aber ihm fällt in dem Moment ihr Name nicht ein.

Mama sagt in die peinliche Pause hinein: »Ich melde mich bei Ihnen, viel Erfolg noch!«, und dann stehen wir auch schon wieder auf der Straße. Saugen geräuschvoll die frische Luft ein und gehen schweigend ein Stück Richtung Auto. Mamas schwarzer Mantel mit dem kleinen Vintage-Pelzbesatz hängt wippend wie ein frisch erlegtes Tier über ihrem Arm.

»Und ... nun?«, frage ich sie von der Seite.

»Tja, ich weiß auch nicht. Ich finde ihn sympathisch, aber er ist wirklich nicht der Typ Mann, den ich bevorzuge. Ich glaube auch, dass er bestimmt ein zuverlässiger und treuer Mensch ist, aber ich brauche ja immer eher so das ...« Sie schnalzt mit der Zunge und schnippt gleichzeitig mit Mittelfinger und Daumen.

»Der ist dir nicht verrückt genug, richtig?«

»Ja. Obwohl er sicher auch ein bisschen aufgeregt war.«

»Mit Sicherheit, und es ist ja auch eine komische Situation gewesen mit den vielen anderen Leuten, dann noch wir dazwischen und vielleicht potenzielle Käufer seiner Fotos. Aber rufst du ihn wirklich an?«

»Klar!«, sagt Mama bestimmt. »Er ist als Mensch und Künstler sicher interessant, nur eben nicht als Mann für mich. Na ja, und er selbst hat sich ja auch eher bedeckt gehalten vorhin. Also, wir werden sehen. Aber anrufen werde ich ihn!«

Während ich dieses irgendwie kuriose Treffen am nächsten Tag noch verdaue und grübele, inwieweit Mama und Harald doch zusammenpassen könnten, leitet mir meine Mutter kommentarlos eine E-Mail von ihm weiter.

Morgens um halb sieben hat er ihr geschrieben:

Hallo Monika, danke für Ihren gestrigen Besuch in der Galerie. Ich bin nach langer Überlegung zu dem Entschluss gekommen, unsere Verbindung doch nicht weiter zu vertiefen. Ich wünsche Ihnen jedoch alles Gute. Besten Gruß, Harry.

Kapitel 5

Liebe virtuell

Der Umsatz und die Mitgliedschaften von deutschen Online-Dating-Börsen steigen seit Jahren. Im Jahr 2017 wurden in Deutschland rund 8,6 Millionen aktive Nutzer gezählt. Bei einer repräsentativen Umfrage des Instituts für Demoskopie Allensbach ein Jahr zuvor waren es nur etwas mehr als drei Millionen gewesen – ein rasanter Anstieg: Die Zahl hat sich von 2016 auf 2017 mehr als verdoppelt. Insgesamt wurden 2017 sogar 136 Millionen Mitgliedschaften bei Dating-Portalen registriert. Daraus kann man schließen, dass viele Singles bei mehreren Portalen gleichzeitig auf der Suche sind, während andere Statistiken warnen: Es finden nur 2 Prozent die echte Liebe übers Netz.

Wir probieren es trotzdem. Meine Mutter betritt totales Neuland.

Die erste verkorkste Verabredung mit Harry ist so gut wie vergessen, und wir klicken uns eines schönen Sonntagnachmittags belustigt für Stunden durch Anzeigen von Männern aus der »Alters-Sektion 66+«. Die eine Partnerbörse hat diese Alterskategorie sogar gelistet, was nicht unbedingt oft der Fall ist, wie ich festgestellt habe. Mich spricht die Seite besonders an, weil die Chefin aus Brandenburg kommt und es erst mal den Anschein macht, als müsse man keine teure Mitgliedschaft erwerben – und könne Männer aus der Region Brandenburg und Berlin dort finden. Ich wollte es erst einmal vermeiden, gleich für viel Geld auf die beiden großen Online-Riesen Parship oder

Elitepartner zuzugreifen. Außerdem hatte mir erst kürzlich eine Freundin erzählt, die ein halbes Jahr bei den Marktführern auf Partnersuche war, dass die Männer ihr dort zu eingebildet oder sogar einfach zu langweilig waren. Sie hatte nach acht Dates und zwei Beziehungsversuchen wieder aufgegeben. Beim Wort »langweilig« hatten bei mir gleich alle Alarmglocken geläutet: Das ist nun wirklich eines der letzten Adjektive, die wir gebrauchen können.

Was Mama und ich allerdings jetzt auf den Seiten der kleineren Partnerbörse lesen, treibt uns mitunter Lachtränen in die Augen. Wir langweilen uns zwar keine Sekunde, aber wir können kaum glauben, dass manche Männer wirklich so über sich selbst schreiben:

Schlimmer geht's nimmer. Das Jahr brachte gleich mehrere Schicksalsschläge: Erst war ich krank, dann verstarb meine liebe Frau, und nun stehe ich mit allem allein da: Haushalt, Einkäufe, Garten. Es ist, als ob ich in einem Bottich mit Wasser sitze und nicht herauskomme. Wo ist die Frau, die mich aus meiner Einsamkeit und meinem Chaos herausholt?

Also meine Mutter ist es ganz sicher nicht, so viel steht fest! Ich lese weiter laut vor: »Alfred, 70, ein lustiger Beamter in Ruhe, sucht …«

Weiter komme ich nicht, denn Mama ruft sofort laut, aber mit amüsiertem Blick: »Ach nee, bloß kein Beamter!«, und sie winkt schmunzelnd ab.

Und auch bei den Nächsten in der Reihe namens Heinz, Michael und Jörg muss ich gar nicht weiterlesen. Denn bei »Suche eine Frau, die gern reist und radelt«, wedelt Mama abwehrend mit den Händen. »Ich kann doch nicht Rad fahren! Und Michael, 69, ist tierlieb, oje, dann hat der bestimmt Hunde. Ach nein, auch das noch! Jörg schreibt: Ich kann fast alles außer böse sein, leider wurde das auch schon ausgenutzt.«

Sie schüttelt den Kopf. »Ach, du armer, armer Mann«, sagt Monika gespielt betroffen.

Nein, Männer, die betüddelt, getröstet oder bekocht werden müssen, sind für sie nicht das Richtige.

Und auch solche, die ihren Text anfangen mit: Eine neue Liebe ist wie ein neues Leben ..., stoßen sofort auf eine heftige Reaktion meiner Mutter: »Nee, bitte nicht!«

»Warum denn jetzt schon wieder nicht?«, hake ich nach.

»Also nee, wenn einer schon einen Schlager zitiert, das geht gar nicht!« Mama schüttelt den Kopf.

Stimmt, das ist ja eine Zeile von Jürgen Marcus. Ich wundere mich, dass sie das so schnell zuordnen kann, wo doch Schlager überhaupt nicht ihr Ding sind.

Hatte ich bereits erwähnt, dass sie keine typische Rentnerin ist und neben Herbert Grönemeyer auch die Band Rammstein toll findet? Wegen der, wie sie sagt: »poetischen Texte und der energetischen Musik«. Wir haben die zu Pyromanie und theatralischen Shows neigenden Berliner schon zusammen Open Air in der Waldbühne gesehen. Ob wir das in die Zeitungsannonce hätten schreiben sollen? Was dann wohl für Antworten gekommen wären ... Was wir hier lesen, ist jedenfalls eher komisch als ansprechend.

Endlich, auf den letzten Seiten wird es doch noch für Mama interessant.

»Hier, Walter ist ehemaliger Arzt, den solltest du anschreiben! Im Alter einen Arzt an deiner Seite zu wissen, das würde mich beruhigen«, sage ich grinsend. »Außerdem ist er motorisiert. Was auch immer das genau heißt.«

Tatsächlich finden wir als Schlusssatz öfter den Hinweis im Text: »Ein schönes Auto ist vorhanden« oder »ein toller Wagen wartet auf eine gemeinsame Spritztour«. Eine Frau, die ihr eigenes Auto steuert, ist da wohl nicht vorgesehen.

Dann fällt uns die Anzeige von Bernhard, 79, ins Auge:

Promoviert, verwitwet, liebevoll, unterhaltsam, sympathisch, suche eine nette Partnerin. Bin an Kultur und dem Weltgeschehen interessiert und ein großer Naturfreund.

Ich finde, das klingt ganz gut. Mama allerdings meint verhalten: »Aber 79? Mmmh, na, da muss man mal schauen ...«, und sie scrollt zum nächsten Text.

Und auch bei der Angabe von Joachim, »68, 178, schlank«, bleibt unser Blick hängen:

Ich liebe Natur, Musik, Theater, Reisen, Bücher und anregenden Gedankenaustausch und freue mich auf die Begegnung mit einer warmherzigen, jung gebliebenen Frau, gerne mit Bild.

Mama seufzt: »Das klingt schön, aber für den bin ich ja bestimmt zu alt.«

Ich erinnere mich an die Studien. Meiner Mutter hatte ich davon noch gar nichts erzählt. Aber sie weiß natürlich trotzdem, wie der Hase über 60 läuft.

»Es ist wirklich seltsam, in deinem Alter möchte offenbar keiner jemanden, der gleichaltrig ist.«

»Na, und vor allem Männer wollen das nicht!«, sagt Mama leichthin.

Ich bin überrascht, wie unbeschwert sie das sagt. Als würde sie gar nicht genau wissen wollen, was das für ihre eigene Suche bedeutet.

Ich gehe in ihre Küche und mache uns Wasser für Tee heiß.

Mama kommt mit ihrem Tablet hinterher, wieder sehr belustigt liest sie: »Brian, 73, suche ehrliche Frau, gern vom Land‹ – hach, Magda, bin ich eine ehrliche Frau vom Land? Wohl nicht! Ach, sieh mal hier – ›Hans, 69, Handwerker‹, schreibt: ›Ich bin gut drauf!‹ Das ist ja schön für dich, lieber Hans.«

Ich gieße uns grünen Tee auf, und wir setzen uns wieder auf die Couch ins Wohnzimmer.

Wir sind am Ende angekommen, als Mama die Augen aufreißt. »Mann für alle Jahreszeiten«, steht da in der Überschrift.

Mama sagt: »Das gefällt mir! Das ist ja so ähnlich wie meine Anzeige! ›Frühlingsgefühle, Sommernachtsträume, Herbststürme, Wintermärchen.‹ Hach, na, das hört sich doch nett an, oder? Komm, den kontaktieren wir! Allerdings ist der 66, wenn ich da mein echtes Alter angebe, meldet der sich doch nie!«, überlegt Mama.

»Ja, aber willst du mit deinen 72 Jahren noch mal mogeln? Das ist ja auch Quatsch!« Das muss doch irgendwann mal aufhören mit der Selbstoptimierung ...

Wir füllen für zwei Anzeigen ein automatisiertes knappes Formular mit Altersangabe und Telefonnummer aus, und Mama klickt auf »Senden«.

Aus Neugier schaue ich mir noch die Anzeigen bei den Frauen 66 plus an und bleibe auch hier etwas irritiert zurück:

Bettina, 70, eine hübsche Frau mit funkelnden Augen und etwas mehr OW, hat Interesse an Musik, Garten, Pilzsuche.

Maria, 72, verwitwet, sieht gut aus und ist eine flippige Frau mit viel Busen und Temperament, sie kocht u. backt gut.

Sympathische Witwe Christin, 1,68 m, ist eine hübsche, feminine Frau mit Oberweite.

Muss frau heutzutage dazuschreiben, dass sie im Besitz von Brüsten ist? So als sei das ein Alleinstellungsmerkmal? Und plötzlich macht es bei mir klick. Sind die angepriesenen »tollen Autos« bei den Männern vielleicht das Pendant dazu?

Oha, denke ich, und mir kommen das erste Mal Zweifel an diesem Singleportal.

Bereits am nächsten Tag klingelt Mamas Telefon. Es ist die Agentur des Singleportals. Eine nett wirkende Frau möchte mit der potenziellen neuen Kundin, meiner Mutter, einen ersten kostenlosen Kennenlern-Termin ausmachen. Persönlich ließe sich besser einordnen, ob sie zu den angefragten Herren auch wirklich passe.

Daraufhin lasse ich mir von Mama die Telefonnummer der Mitarbeiterin geben und rufe zurück. Mich interessiert, ob es in Ordnung wäre, wenn ich für meinen Podcast bei dem Treffen dabei bin.

Die Chefin, oder auch: der »Amore-Engel«, wie sie auf der Webseite genannt wird, ist von meinem Anliegen allerdings überhaupt nicht begeistert. Sie habe schon schlechte Erfahrungen mit der Presse gemacht, erklärt sie mir, und auf meine Nachfrage erwidert sie offenherzig: »Wir sind schon mehrmals als Abzocker-Agentur dargestellt worden.«

Da werde ich natürlich hellhörig und frage vorsichtig, aber interessiert nach, wieso. Schließlich hatte ich das Portal als vermeintlich günstige Alternative zu den Großen der Branche ausgemacht gehabt.

»Natürlich ist das erste Treffen bei uns in der Agentur kostenlos, aber wer sich für einen Single auf unserer Webseite interessiert, bekommt auch ein eigenes Profil von uns. Damit es wirklich matcht, wenn zwei Menschen sich zum ersten Mal treffen. Wir bieten da eine totale Rundumbetreuung der Klienten und gehen auf ihre Wünsche und Vorstellungen ein. Natürlich können da auch schon mal bis zu 2000 Euro fällig werden. Aber das ist es wirklich wert! Jedes dritte Date ist ein Treffer bei uns, glauben Sie mir! Wir haben schon viele Liebespaare hervorgebracht«, sagt die Chefin zufrieden.

»Schreiben denn Ihre Klienten die Anzeigen eigentlich selbst?«, frage ich neugierig.

»Nein, natürlich nicht. Die Texte werden individuell und auf Basis unserer persönlichen Gespräche von den Mitarbeitern getextet.«

»Und wieso steht auffällig oft darin, dass Männer schöne Autos fahren und Frauen einen tollen Busen haben?«, brennt es mir noch unter den Nägeln.

Da holt die Liebesvermittlerin leicht genervt aus und erteilt mir eine Lektion in Sachen Werbewirkungsprinzip.

»Haben Sie etwa noch nie von der AIDA-Methode gehört?!«

AIDA? Spontan sehe ich vor mir kopulierende Oldies auf einem Kreuzfahrtschiff. Natürlich total daneben. Zumindest in diesem Kontext.

AIDA, so erfahre ich von ihr, steht für »Attention, Interest, Desire und Action«. Ich bekomme zu hören, wenn eine Frau zu einer Party in einem roten, tollen Kleid erscheine, würde sie damit das »Interesse und die Aufmerksamkeit« der männlichen Gäste auf sich ziehen und dadurch ihr »Begehren« schüren. Jeder möchte dann mit der Dame einen Sekt trinken und würde ergo in »Aktion« treten, um sie näher kennenzulernen. Das Ziel der Frau in Rot ist erreicht. Zumindest in den Augen des Amore-Engels. Und deshalb gäbe es in den Anzeigetexten eben diese »Schlüsselworte«, wie Autos und Oberweite. Das sei quasi das rote Kleid in der Altersgruppe 60 plus und lasse die Person in der Annonce begehrenswerter erscheinen.

Ich lasse mir meine Ungläubigkeit natürlich nicht anmerken und sage trocken: »Ja, wenn das so ist – haben Sie vielen Dank für das aufschlussreiche Gespräch, meine Mutter kommt dann am Mittwoch aber nicht zu dem vereinbarten Termin, das hat sich erledigt.«

Ernüchtert lege ich auf und erzähle Mama sofort davon.

Sie ist genauso empört wie ich: »Ach was! Aber erst mal kostenlos tun, na, zum Glück hast du nachgefragt. Wer weiß, wie viele das nicht tun, und schwups, zahlen sie Hunderte oder gar Tausende von Euro. Ich könnte mir das von meiner Rente jedenfalls nicht leisten.«

Liebe lässt sich also auch auf diesem Weg käuflich erwerben. Wir kommen aber zu dem Schluss: Es muss doch auch so gehen! Obwohl eine Studie besagt, dass die Chance, sich über eine kostenlose Partnerbörse zu verlieben, bei unter 20 Prozent liegt, bei kostenpflichtigen hingegen bei über 30 Prozent. Aber ich schätze, das ist der Effekt, den ich habe, wenn ich über einen Gästelistenplatz zu einem Konzert gehen darf: Kann ich umsonst rein, wertschätze ich es weniger, unterhalte mich ungeniert ewig an der Bar oder, ich gebe es zu, ich habe auch schon mal Plätze verfallen lassen. Einfach aus plötzlicher Unlust. Habe ich jedoch für 50 Euro oder noch mehr schon monatelang im Voraus Tickets gekauft, dann will ich mich, verdammt noch mal, auch amüsieren und den Abend meines Lebens dort verbringen. Und so ergeht es den Mitgliedern bei Elitepartner oder Parship sicher auch. Wer nach der kostenlosen Testphase zwischen 600 und 700 Euro im Jahresabo bezahlt, der klemmt sich ganz sicher dahinter und sagt nicht kurz vorher das Date ab oder hört auf, E-Mails zu beantworten.

Trotzdem: Uns hat der Ehrgeiz gepackt, und wir wollen es weiter analog versuchen.

Kapitel 6

Happy birthday to you

Es ist Samstag, Ende Februar. Morgen hat meine Mutter Geburtstag. Normalerweise würde ich, wie jeder geladene Gast auch, einfach um 15 Uhr zu Kaffee und Kuchen bei ihr aufschlagen und mir vom geselligen Rest unserer Familie Urlaubserinnerungen oder etwas über neue Zipperlein anhören. Aber weil Mama heute Morgen anrief und fragte, ob ich ihr bei den Vorbereitungen helfen könne, bin ich kurzerhand schon einen Tag eher bei ihr.

Ich ahne etwas. Eigentlich kommt meine Mutter nämlich immer sehr gut allein zurecht und liebt es, Kuchen zu backen, ihren berühmten Linsensalat vorzubereiten und den Prosecco kistenweise kalt zu stellen. Normalerweise benötigt sie dabei nicht meine Hilfe.

Abwartend lasse ich mir also einen Tag vor ihrem Geburtstag von ihr Fisch auf einem Fenchelbett an Kurkuma-Reis servieren. Und frage, während wir essen, unschuldig nach, wer denn am morgigen Tag kommen wird.

»Die üblichen Verdächtigen«, sagt Mama.

Das heißt also meine beiden Tanten mit ihren schweigsamen Männern, meine Lieblingscousine Karo (gerade 50 geworden, seit Ewigkeiten Single) und ein paar alte, pardon, langjährige Freunde.

Mama räumt den Tisch ab, kramt in ihrem Eisfach nach dem Nachtisch und kommt mit einer Packung Schokoeis und einer Zeitung unter dem Arm wieder. Sie hat ihr »Hehe, wenn du wüsstest«-Grinsen aufgesetzt und sagt wie ganz nebenbei: »Ich habe übrigens heute Morgen eine Anzeige in der Zeitung entdeckt, die mir richtig gut gefallen hat. Willst du mal hören?«

Na, und ob ich das möchte! »Nachtigall, ick hör dir trapsen«, hätte meine verstorbene Oma jetzt gesagt.

Ihre Tochter liest mir vor: »›Gut aussehender Mann über 70, gebildet, 1,90, der in keine Norm passt, sucht weibliches Pendant für Gedanken- und Erfahrungsaustausch.‹ Das entspricht doch auch irgendwie meiner Annonce, oder?« Mama lässt die Zeitung sinken und schaufelt uns Eis in die Schüsseln.

In mir steigt Freude auf. Endlich eine Anzeige, die sie mal richtig gut findet! »Ja, klingt wirklich interessant. Toll! Hast du dir denn schon überlegt, was du zurückschreiben könntest?«

Mama ist vorbereitet auf diese Frage, denn sie greift neben sich und klappt ein handbeschriebenes Blatt Papier auf. Ich erkenne ihre große krakelige Schrift darauf, manche Zeilen sind durchgestrichen.

»Also, da er ja ›außerhalb der Norm‹ geschrieben hat, interessiert mich natürlich, was er darunter versteht …«

Ich falle ihr ins Wort, denn mal wieder läuft meine Fantasie sofort auf Hochtouren: »Genau, ist er ein Hippie auf 'nem Bauernhof, oder lebt er in einer Kommune?! Das kann ja alles bedeuten!«

»Richtig, wer weiß. Also habe ich mir gedacht, ich schreibe ihm Folgendes:

Lieber gebildeter, gut aussehender Mann, ich habe gezögert, da ich noch nie auf eine Anzeige geantwortet habe. Mich hat aber das »in keine Norm passt« bewogen, zu Ihnen Verbindung aufzunehmen. Ich könnte mir vorstellen,

dass ich das weibliche Pendant sein könnte ... bin um die
70, freidenkend, an allem interessiert. Bin Schauspielerin
und noch tätig. Über eine Antwort würde ich mich freuen,
denn Sie haben mich neugierig gemacht.

»Supergut! Wirklich! Da ist alles drin, es ist nicht zu aufgesetzt oder schwülstig, sondern sehr ehrlich und authentisch. Ein wirklich schöner Text!«, sage ich begeistert.

Mama lacht, und ihre Augen strahlen.

»Na dann!« Wir prosten uns mit unseren Weißwein-
schorlen zu.

»Und wie läuft das jetzt ab? Richtig klassisch, noch so
mit Chiffre-Nummer?« In Gedanken füge ich hinzu: Oder
mit der Rohrpost? Erscheint mir gerade auch nicht so ab-
wegig.

»Genau, das ist immer noch so mit der Chiffre-Nummer,
die schreibe ich auf den Umschlag, und den bekommt der
Verlag. Aber hast du mir nicht erzählt, dass Männer immer
viel mehr Post bekommen als Frauen? Mal sehen, ob er sich
überhaupt zurückmeldet. Ich werde meine Telefonnummer noch dazuschreiben. So, und wenn du noch Lust hast,
darfst du mir jetzt beim Gemüseschnippeln helfen. Musste
aber nicht!«

Nach dem obligatorischen Geburtstagsanruf bei Mama am
nächsten Morgen gehe ich um drei am Nachmittag zu ihr.
Also drei Uhr habe ich angepeilt. Typischerweise wird es
halb vier. Mein großer Strauß mit Lilien und ich kommen
zeitgleich mit Peter bei Mama an.

Peter und ich begrüßen uns vor der Haustür herzlich,
denn Peter kennt mich von Geburt an. Er war direkt nach
Mamas Studienzeit lange mit ihr zusammen, und die bei-

den haben auch nach ihrer Trennung nie den Kontakt verloren. Peter hat ebenfalls lange als Schauspieler gearbeitet, jetzt kümmert er sich nach dem Tod seiner jüngeren Frau hauptsächlich um ihren gemeinsamen Sohn.

Bei unserer Umarmung merke ich, dass er etwas verschwitzt ist. Er wohl auch, denn entschuldigend zeigt er auf ein Rennrad am Baum vor dem Haus. Peter ist fünf Jahre jünger als Mama, sehr groß und kräftig und hat noch volles, dunkles Haar und eine sehr tiefe, beeindruckende Stimme.

Mit dieser Stimme sagt er jetzt verlegen: »Bin damit gekommen!« In dem Blick, mit dem er das Rad betrachtet, liegt Stolz.

»Hey, sportlich, sportlich!« Ich lache ihn an.

Wir klingeln und laufen, lauthals »Happy birthday« singend, in den zweiten Stock hoch, wo wir vom strahlenden Geburtstagskind begrüßt werden.

Meine Cousine Karo winkt uns aus Mamas offener kleiner Küche entgegen, während sie den ersten Prosecco öffnet. Sicherlich nicht die letzte Flasche an diesem Tag.

Mamas (angeheiratete) Cousine Rita ist schon da. Meine Tanten, Mamas ältere Schwestern Karin und Iris, sitzen ebenfalls schon im Wohnzimmer und haben ihre üblichen Lieblingsthemen am Wickel: Krankheiten und Beschwerden, im Wechsel damit, wer gerade wo mal wieder im Urlaub war. Ihre beiden ebenfalls anwesenden Männer nicken und brummen in regelmäßigen Abständen Zustimmung zum Gesagten ihrer Frauen.

Ich mag dieses vertraute Bild, das sich mir bietet. Auch wenn unser Verhältnis nicht so richtig herzlich ist, gehören die vier doch zum familiären Geburtstagsinventar. Auch wenn ich bei den wenigen Gelegenheiten, die wir uns im Jahr sehen, jedes Mal aufs Neue erstaunt bin, dass Mama mit den beiden grauhaarigen Frauen verwandt ist. Beide haben eine Beamtenlaufbahn beim Finanzamt eingeschlagen. Als Rentnerinnen können sie es sich nun leisten, viel herumzureisen. Karin eher pauschal auf die Kanaren, und Iris geht immer noch gern wandern. Jetzt steht aber offenbar etwas anderes an.

Iris erzählt der Runde gerade begeistert: »Dieses Jahr machen wir noch 'ne Schiffsreise von St. Petersburg nach Moskau, da freue ich mich drauf, weil ...«

Karin unterbricht sie: »Ja, also Manfred und ich waren im September auch mit 'nem Kreuzfahrtschiff unterwegs! Das machen wir nicht noch mal! Das Essen war nach einer Woche immer dasselbe, du wusstest schon gar nicht mehr, was du essen solltest, die Kabine war winzig, und mir war ziemlich oft übel, und die Luft unter Deck war so muffig. Hoffentlich wird dir nicht auch schlecht, Iris!«

Iris ist schon in der Gegenoffensive, zielt ab auf ihre bessere körperliche Verfassung, als ich unterbreche. Mir brennt etwas auf der Seele, was ich von den beiden wissen möchte. Da meine Oma mütterlicherseits nicht mehr lebt, kann ich nur noch die beiden fragen.

»Sagt mal, ihr kennt eure Schwester ein Leben lang, und ich möchte gern herausfinden, warum Monika so ist, wie sie ist. Ihr seid alle sehr unterschiedlich ...«

Iris antwortet sofort halb im Scherz, halb ernsthaft: »Na, bestimmt, weil Karin und ich sie immer unterdrückt haben!«

Ein »Ohoho«, ein halb amüsiertes, halb um die Ernsthaftigkeit wissendes Lachen geht durch die Runde.

»Ich fühlte mich aber gar nicht unterdrückt«, wirft Mama noch neckend ein.

Karins Mann Manfred sagt unerwartet: »Aber wärst du

nicht fast mal aus dem Fenster gesprungen? Aus dem vierten Stock?«

Monika nickt. »Allerdings, weil meine Schwestern mich nicht aus dem Zimmer rausgelassen haben. Da habe ich Panik bekommen.«

»Ach, stimmt, wir hatten dich eingesperrt. Ich erinnere mich. Aber warum überhaupt?«, fragt Iris nachdenklich.

Karin sagt trocken: »Einfach so.«

Alle lachen wieder, es klingt ein wenig hilflos, und damit ist das Thema vom Tisch.

»Wer will noch Prosecco?«, fragt Mama und verschwindet geschäftig in der Küche.

Na das ist ja mal nach hinten losgegangen.

Die anderen unterhalten sich längst wieder über die Gegenwart, die Krankheiten und missratenen Urlaube – und ich möchte doch noch viel mehr erfahren. Ich beschließe spontan, Peter auf ein vertrauliches Gespräch ins Nebenzimmer zu bitten. Vielleicht ist er auskunftsbereiter. Aus meinen Tanten ist offenbar nichts Brauchbares herauszubekommen. Bei ihnen schwingt auch mit über 70 noch ein wenig Unverständnis in allen Äußerungen mit, weil sie den Lebensweg, den Mama eingeschlagen hat und auch unser besonderes Mutter-Tochter-Verhältnis nicht recht verstehen, vielleicht weil wir ihnen damit einen Spiegel vorhalten. Sie haben eher distanzierte Beziehungen zu ihren Töchtern. Und ich kann sie mir beim besten Willen nicht gemeinsam mit ihnen auf Männerfang vorstellen oder wie sie offen über Sehnsüchte und Wünsche diskutieren.

Peter kommt gerne mit, ich erkläre ihm, warum ich den Podcast mache, und halte ihm mein kleines Aufnahmegerät unter die Nase. Peter, ganz der ehemalige Schauspieler (wobei, kann man diese Berufung je wirklich ablegen?), beginnt gleich ohne Scheu zu erzählen, wie er Mama auf der Schauspielschule kennengelernt hat.

Er lehnt sich vor, und er erinnert sich gerne an diese Zeit: »Das muss 1971 gewesen sein. Sie war ja älter und schon im letzten Jahr. Ich habe noch ihre Abschlussinszenierung an der Ernst Busch (der Schauspielschule, Anm. d. Autorin) gesehen und mich auch dort beworben und dafür mein Medizinstudium abgebrochen. Sie hat mir dann geholfen, mich auf die Aufnahmeprüfung vorzubereiten, und so kamen wir uns näher. Als sie dann abging, begann ich mein Studium.«

Er ist so im Redefluss, dass ich ihn nicht zu unterbrechen wage. Richtig ins Detail, wie sich die beiden angenähert haben, geht er nicht. Es ist aber auch sehr lange her, an mich war ja noch überhaupt nicht zu denken! Ich höre Peter gespannt weiter zu.

»Es war allerdings erst mal eine Fernbeziehung, weil deine Mutter gleich ein Engagement in Quedlinburg bekam, drei Stunden weg. Jede freie Minute bin ich zu ihr hingefahren, sie kam eher selten nach Berlin. Und Monika hatte halt schon im Engagement große Pläne, wie sie sich einbringen kann in die Realität der Gesellschaft. Sie wollte Gefängnisprogramme aufführen, Gedichte für Gefangene machen, und da konnte ich nicht so richtig mithalten.« Er macht ein bedauerndes Schnalzgeräusch und erzählt nach kurzem Überlegen mit seiner tiefen, sonoren Stimme weiter: »Ich war gerade erst an dem Punkt, dass ich fand, man muss erst mal aufpassen, dass man auf der Bühne nicht an die Möbel stößt. Das war schon ein bisschen schwierig für mich. Und das war auch ein Zug von Monika, der sich über die Jahre immer wieder bestätigt hat: Sie hatte sehr große Ansprüche, für die ich nicht so richtig gemacht war. Und die griffen dann auch in alle Lebensbereiche ein, also sie wurde zu einer Über-Monika im Laufe der Zeit.«

Ich verstehe plötzlich, dass die hohen Ansprüche und die Kompromisslosigkeit meiner Mutter überhaupt keine Sache ihres fortgeschrittenen Alters sind, sondern dass sie schon immer so war. Und wer da nicht mithalten konnte, blieb auf der Strecke. So liebevoll sie ist, und ich weiß, sie kann aus vollem Herzen freigiebig sein, so rigoros macht sie ihr Ding. Immer schon. Ich schweife gedanklich ab, aber Peter holt mich zurück.

»Ich habe versucht, da ein, zwei Mal auszubrechen, aber wir kamen irgendwie nicht voneinander los. Allerdings war meine Erkenntnis nach sieben Jahren, dass ich mich nicht zu mir selbst entwickeln werde, wenn ich diese Beziehung weiterführe, und wir haben uns dann endgültig getrennt.« Peter schaut nachdenklich an die Decke und reibt mit der rechten Hand seinen Dreitagebart.

Ich höre zum ersten Mal von der anderen Seite der Beziehungs-Medaille etwas und finde es total spannend, zu erfahren, wie meine Mutter früher so war. Meinen Vater konnte ich ja nie fragen. Da ich merke, dass Peter kein Problem damit hat, mir von der Beziehung zu erzählen, frage ich neugierig, was für eine Partnerin meine Mutter denn war.

»Der springende Punkt bei uns beiden war, dass wir anfänglich – und eigentlich ja auch heute noch – auf einer Wellenlänge in gewissen Punkten sind. Wir ticken ähnlich, und uns haben grundlegende Dinge immer verbunden. Außerdem war sie älter als ich, das fand ich natürlich toll!« Peter lacht kurz auf, als er sich erinnert, dass ihn so etwas als Student noch beeindrucken konnte. Mit seinem zunehmenden Alter wurden seine Freundinnen eher immer jünger, erinnere ich mich.

Er kennt nicht nur meine Mutter gut, sondern mich sogar ein Leben lang, daher fällt mir die nächste Frage leicht: »Aber warum glaubst du, dass sie, seit es mich gibt, keinen Mann gefunden hat, der ihren Ansprüchen gerecht wurde? Wenn man so sagen kann.«

»Nein, das würde ich so nicht sagen. Das hieße ja, es gäbe keine Männer!« Er lacht auf. »Ich denke, dafür muss man ja auch eine Bereitschaft haben. Man muss nicht nur einen Mann finden, sondern dem auch eine Chance geben. Natürlich könnte man dieses Blatt auch mal untersuchen, was zwei ältere Schwestern aus einem jüngeren Mädchen so machen, was sie an Widerstandskraft herausbilden und was da für eine Persönlichkeit heranwächst.«

Er nickt kurz zum Nebenzimmer hinüber, wo die beiden Schwestern sitzen. Ich habe bisher nicht darüber nachgedacht, ob sie wohl darauf Einfluss gehabt haben, was für einen Männergeschmack meine Mutter hat oder was für ein Beziehungstyp sie wurde. Ich weiß nur, dass Mama und Iris durchaus auch mal dieselben Typen gut fanden. Bei Karins Freunden bestand diese Gefahr nie. Aber ehe ich weiter darüber nachdenken kann, fährt Peter mit seinen Überlegungen fort.

»Darüber will ich jetzt nicht spekulieren, aber es könnte natürlich auch etwas damit zu tun haben. Außerdem war das ja auch eine Zeit kurz nach dem Krieg, wo die Kinder groß wurden. Die Dinge, die die Mädchen mitgemacht haben mit ihrer Mutter, die damals noch alleine war, bevor der Vater aus Kriegsgefangenschaft nach Hause kam. Das wird auch prägend gewesen sein. Auch, wenn man das gar nicht so präsent in der Gehirnschale hat, aber so etwas prägt ja. Deine Mutter ist jemand, der sich durchbeißen musste.«

Ich lächle in mich hinein. Das trifft es gut. »Und gibt es eine Charaktereigenschaft, die du bis heute an ihr feststellst? Was ist typisch Monika?«, möchte ich von Peter wissen, und seine Antwort kommt wie aus der Pistole geschossen.

»Monika bestimmt immer alles! Wir haben ja vor nicht allzu langer Zeit noch mal vier Jahre zusammen Tourneetheater gespielt, durchs ganze Land. Ich gebe dir mal ein gutes Beispiel: Wir sind oft mit den Leuten, die unsere Vorstellungen organisiert und die uns eingeladen haben, hinterher noch etwas essen gegangen. Während wir noch überlegt haben, wo wir uns hinsetzen sollen, wie die Tische stehen könnten, hatte Monika schon immer alles geregelt und die Stühle sortiert, andere Gäste gebeten, sich umzusetzen, und so weiter. Manchmal waren wir anderen damit nicht ganz so glücklich, aber es half nichts. Monika musste man nicht überstimmen wollen.«

Diese Aussage beeindruckt mich, denn so habe ich ihre dominante Art noch nie gesehen. Da ich mich eher mit Entscheidungen schwertue, kam mir dieses Verhalten immer entgegen. Aber natürlich hat mich ihre Art auch nicht gerade dazu ermutigt, eigene Entscheidungen zu fällen, wie ich inzwischen weiß. Dennoch erinnere ich es nicht so drastisch, wie Peter seine Situation schildert.

Kapitel 7

Anpassungsgestörte sucht Persönlichkeitsriesen

Eine Frage fällt mir am späten Nachmittag auf der Geburtstagsfeier noch für Mamas Ex-Freund ein: »Wenn es jetzt noch mal ein Mann an ihre Seite schaffen will, müsste der also eine gewisse Durchsetzungskraft mitbringen, oder wie sollte er deiner Meinung nach sein?«

»Der müsste sich bescheiden und kleinlaut machen. Das muss ein Persönlichkeitsriese sein.«

Ich schlucke. Gebe ihm Raum, sein Urteil noch zu revidieren. Persönlichkeitsriese. Ich glaube, das Wort vergesse ich nie wieder. Peter lässt es jedoch genau so im Raum stehen.

»Aber findest du nicht, dass sie mit dem Alter milder geworden ist? Sie meint ja, sie sei anpassungsfähig?!«

Peter schaut mich direkt an und fragt leicht amüsiert: »Aber an wen hat sie sich denn angepasst? Alle Jahre ohne Mann?«

»Na, ans Leben!«, sage ich lauter als beabsichtigt.

»Oh, ja, das hat sie, und das schafft sie. Keine Frage. Davor hab ich auch großen Respekt, aber ob sie sich mal an einen Partner angepasst hat, das wage ich zu bezweifeln. Sie wird ja nicht herausgefordert!«

Ich schlucke und setze in Gedanken eine neue Anzeige auf. Headline: »Anpassungsgestörte sucht Persönlichkeitsriesen«.

Was mich, neben Peters und meinem Gespräch, nach dem Geburtstag noch lange beschäftigt, ist: Warum haben Mamas Schwestern so reagiert? Warum wollte ihnen so wenig zu ihr einfallen? Sie stehen sich zwar irgendwie nahe, sind aber weit entfernt von einem liebevoll-schwesterlichen Umgang miteinander, das wurde mal wieder mehr als deutlich. Darüber muss ich noch mal in Ruhe mit meiner Mutter reden. Weil wir gerade beide viel um die Ohren haben, fängt sie an, die Dinge aufzuschreiben.

Wir sind alle ein Jahr und acht Monate auseinander und sind sehr unterschiedlich. Das zog sich durch unser ganzes Leben. Iris war ja auch künstlerisch veranlagt, aber Karin war … Oma sagte immer, als wir nach dem Krieg in Bayern gelandet sind, dass sie dort stets nur ›die Klagefrau von Hörlbach‹ genannt wurde, weil sie damals schon, wie heute auch, immer unzufrieden war und an allem etwas auszusetzen hatte, ständig ging es ihr schlecht. Also wir waren von Anbeginn sehr verschieden, und ich war immer die Außenseiterin. Ich war extrem in meinen Äußerungen und wollte eben auch mal aus dem Fenster springen oder habe das ganze Haus zusammengeplärrt, wenn ich meinen Willen nicht bekommen habe. Je älter wir werden, desto eigensinniger wird natürlich auch jede von uns, und das macht den Umgang nicht gerade leichter. Ich glaube, uns verbindet vor allem noch das enge Band zu unserer Mutter, auch wenn sie schon lange tot ist.

> Aber die Zeit nach dem Krieg und alle Um-
> stände haben uns zusammengeschweißt.
> Es ist familiär, aber dennoch nicht freund-
> schaftlich zwischen uns. Ich weiß, dass die
> beiden nicht für mich einstehen, wenn ich
> ihre Hilfe brauche.

Es macht mich regelrecht traurig, das zu lesen. Und ich weiß
auch um die Geschichte, in der sie ihrer Schwester die Hilfe
verweigert haben. Das sitzt immer noch tief bei meiner
Mutter, obwohl die beiden anderen das vielleicht schon
längst vergessen haben. Aber nicht nur in Sachen familiärer
Zusammenhalt, sondern auch bei gesellschaftlichen Konventionen liegen die Frauen meilenweit auseinander.

> Die beiden haben auch früh geheiratet, und
> ich wollte das nicht. Schon aus Prinzip. Ich
> fand, das war eine zutiefst bürgerliche Ein-
> richtung, und ich wollte nie von einem Mann
> versorgt werden. Das war meine Grundhaltung.
> Ich habe immer gesagt: Mein Beruf ist mir
> wichtiger als jeder Mann. Ich wollte nie
> abhängig sein, auch finanziell nicht. Ich
> denke, dass Männer sich manchmal vor mir
> gefürchtet haben. Vielleicht ja auch meine
> Schwestern. Ich mit meiner Unbedingtheit und
> Selbstbestimmtheit. Obwohl ich mich durchaus
> für anpassungsfähig halte, bis zu einem
> bestimmten Grad.

Aber um das noch mal herauszufinden, müsste meine Mutter »herausgefordert« werden, wie Peter meint. Aber durch

wen? Wer könnte dieser »Persönlichkeitsriese« sein, den Peter meint?

Selbstbewusst und klug muss der Mann sein, den wir suchen, das ist mir natürlich klar. Und was ist falsch daran, sich nicht anzupassen? Das Leben meiner Mutter ist nun mal geprägt vom Leben in der DDR, davon, ständig unter Aufsicht zu stehen, eingeschränkt in künstlerischen Prozessen und persönlicher Freiheit. Dabei hat sie sich trotzdem nie verstellt oder war auf der Hut vor Feind oder Freund. Bis heute macht sie weitestgehend nur, worauf sie Lust hat, und ist wenig diplomatisch, wenn es mal um eher belanglosen Small Talk geht oder wenn Leute ihr Dinge erzählen, die sie nicht interessieren. Anpassungsfähig ist sie, wenn es drauf ankommt. Aber eben nicht um jeden Preis. Macht einen das zu einer Frau, die nicht nur einen starken Charakter an ihrer Seite braucht, sondern gleich einen Persönlichkeitsriesen?

Ich muss an eine weitere Eigenschaft meiner Mutter denken, eine Eigenschaft, die mir bei meinem Vorhaben zugutekommt: Sie ist neugierig und offen.

Aber auch ich bin neugierig, was Mamas Geburtstagsgäste zu unserem Vorhaben sagen. In der Küche fange ich Rita ab, die gleich Feuer und Flamme ist, als sie hört, dass wir gerade nach einem Partner für Monika suchen. Seit dem Tod ihres Mannes vor sieben Jahren lebt sie allein in einem Haus am Stadtrand. Rita, die Witwe von Mamas Cousin, ist 77, groß und schlank, immer noch sehr fit und stets gut geschminkt. Sie achtet auf ihr Äußeres und ist selten um einen Spruch verlegen. Meistens typisch »Berliner Schnauze«.

Unverhofft wird sie zu meiner Verbündeten, als sie verkündet: »Ick such ja ooch jemanden! Aber bitte nur zum

Tanzen. Nix weiter. Ick will keenen fürs Bett, aus dem Alter bin ick ja wohl raus! Und der soll sich auch nicht im Haus breitmachen, nur tanzen soller mit mir!«

Ich strahle sie begeistert an und erhoffe mir weiteren Input in Sachen erfolgreicher Männereroberung. »Und wie gehst du da vor bei deiner Suche?«

Rita will erst abwinken, aber dann nimmt sie einen Schluck aus dem Sektglas und sagt: »Ach, na gar nicht. Ich erzähle es nur immer, weil es gibt ja keene Männer. Die, die wat suchen, wollen was Junges. Da biste doch Marke uralt! Die sind vielleicht auch um die 70, aber noch wat Älteres? Nee, bloß nicht!«

»Auch nicht mal zum Tanzen?!«

»Na, wo sollen die Männer denn herkommen? Die Kurse in den Tanzschulen sind alle voll mit jungen Erwachsenen. Ich hätte so Lust, mal wieder richtig Walzer, Tango oder Cha-Cha-Cha zu tanzen! Oder Rock'n'Roll ...« Weiter kommt Rita nicht, weil Monika gerade um die Ecke schneit und just das Wort »Rock'n'Roll« aufgeschnappt hat.

Mama ruft in rundgelutschtem Englisch: »Hach, Rock'n' Rooooll!« Sie fasst meinen Arm und sagt mit leuchtenden Augen: »Meine Jugend! Ja, darauf hätte ich auch Lust. Aber wo könnten wir denn hingehen, Rita?«

»Na, gibt's nicht das Café Keese noch? Die Straße runter? Ick war noch nie da, aber meine Nachbarin, die Anni, geht da ab und zu hin.«

Mama schürzt die Lippen und nimmt auch einen großen Schluck aus ihrem Glas. »Aber ich geh nicht alleine da hin!«

»Nein, natürlich nehmt ihr mich mit! Das wird sicher lustig!«, sagt Rita und prostet Mama zu.

Café Keese also. Unfassbar. Seit Jahrzehnten fahre ich an diesem ominösen Laden vorbei, milde lächelnd, wenn ich beobachte, wie dort am helllichten Tag aufgebrezelte Seniorengruppen einkehren. Jetzt würde ich also dazugehören. Also nicht zu den Senioren natürlich, ich sehe meinen Job eher in der Rolle der stillen Anstandsdame der beiden Ladys. Die späte Rache einer Tochter an jahrelanger mütterlicher Fürsorge. Oder so ähnlich. Auf jeden Fall werde ich mit hingehen. So viel steht ja wohl fest.

Kapitel 8

»Hier fliegen gleich die Löcher aus'm Keese«

Eine Woche später ist es schon so weit. Mama, Rita und ich gehen so zielstrebig auf den Sonnenschirm zu, als würden wir dienstagabends nie etwas anderes machen. Der Schirm wird von einer Lampe angestrahlt und steht vor der Tür des Café Keese. Auf einem Barhocker darunter sitzt ein in die Jahre gekommener Security-Mann und nickt uns freundlich zu. Dieses Ur-Berliner Tanzlokal, ein anderes Wort kann man dazu nicht sagen, an einer breiten Charlottenburger Hauptstraße sprüht vor altem Westberliner Charme und hat vor Kurzem 50-jähriges Bestehen gefeiert. Genauso sieht es auch aus, und es verkörpert alles, was Berlin nur noch an den nicht gentrifizierten und sanierten Ecken zu bieten hat: Es ist absolut hipsterfrei, auf keinen Fall modern, aber dafür sehr, sehr authentisch. Ich setze auf die hoffentlich netten Leute dadrin.

Von außen wirkt es mit der großen dunkelgrünen Leuchtschrift erst mal wie ein Billardladen, dazu kommt ein breites, bodentiefes Schaufenster. Innen ist alles holzvertäfelt, ein Barhocker und Sektflaschen wurden hindrapiert, und angegilbte Plakate im 90er-Jahre-Look hängen an den Wänden und preisen Veranstaltungen an wie »Ü-40-Tanzparty«, »Discofox am Dienstag mit DJ Jörg« oder »Rock-'n'-Roll-Party am Donnerstag mit DJ Uwe«. Außerdem ist in Leuchtschrift der Hinweis auf »Ball Paradox« zu lesen. Ein immerhin für damalige Zeiten sehr emanzipierter Slogan, denn früher durften hier bereits die Frauen die Männer zum Tanz auffordern und mussten nicht darauf warten, dass einer zu ihnen kam. Mit der Damenwahl beim Ball Paradox kehrte sich die übliche passive Rolle der Frau beim Paartanz um. Dieser kleine historische Fakt müsste meiner emanzipierten Mutter doch gefallen!

Mama hat sich für knallrote Pumps mit einer üppigen Stoffblüte darauf entschieden und trägt dazu ein schwarzes, knielanges Kleid. Das kaschiert den kleinen Bauch gut, findet sie. Rita, die Einzige, die von uns wirklich richtig gut tanzen kann und mit langjähriger Erfahrung im Standard, hat ihre dunkelblonden, halblangen Haare zur Mähne geföhnt und auffälligen pinken Lippenstift aufgelegt, dazu trägt sie eine fliederfarbene Stoffhose und eine helle Bluse. Wow. Ich habe mich für ein eher lässiges Langarmkleid und Ankle Boots entschieden. Bin ja schließlich nicht zum Tanzen da, denke ich anfangs noch leicht naiv.

Dem beleuchteten Kasten mit den Getränkepreisen an der Tür entnehmen wir, warum der Eintritt nichts kostet: Auf das erste Getränk kommt nämlich ein Zuschlag von sieben Euro. Cocktails kosten dafür nur 4,50 Euro. Wir geben unsere Mäntel im Eingangsbereich ab und gehen neugierig durch die Schwingtür. Drinnen wirkt die Lichtstimmung trotz der vielen hellen Kronleuchter gemütlich, alles irgendwie retro, an den Wänden hängen Spiegel und meterhohe Wandbilder. Rot gepolsterte Stühle und Sofas verheißen Plüschflair, die Tanzfläche ist mit einem schnörkeligen Holzzaun abgetrennt. Drum herum wird in einzelnen Sofaecken und Sitzgruppen nebst Tischtelefonen schon gequatscht, geguckt und angestoßen. Eine Mischung süßlicher Parfums liegt in der Luft, die Musik ist ziemlich laut. DJ Jörg lässt zu Roland Kaiser den in grüner Schreib-schrift verfassten Leuchtschriftzug »Herrenwahl« über der Tanzfläche aufblinken. Bei Helene Fischer ist in Rot die »Damenwahl« gegenüber dran.

Bei »Atemlos durch die Nacht« bekommt meine Mutter tatsächlich Schnappatmung. Aber vor gespielt übertrie-bener Abneigung. Sie kann Schlager ja nicht ausstehen. Ich werfe ihr einen besorgten Blick zu und überlege, wie lange ich sie hier wohl bei Laune halten kann. Aus dem Alter, Dinge zu tun, zu denen sie nicht wirklich Lust hat, ist sie definitiv raus. Oder anders gesagt: Sie hat längst den Mut gefunden, nur noch zu tun, was ihr guttut, was sie wei-terbringt und was sie nicht als Zeitverschwendung betrach-tet. Davon könnte ich mir eine Scheibe abschneiden, weil ich es immer allen recht machen will. Aber das ist wohl auch so eine Frage des Alters, und allmählich verstehe ich die Bemerkung meiner Mutter, die schon immer behauptet hat, dass ab 30 vieles einfacher würde und ab 40 sogar rich-tig gut.

»Du weißt immer mehr, was du willst und was nicht. Vor allem kannst du es endlich formulieren. Das tut gut!«, hat sie zu mir gesagt.

Wir suchen uns eine Couch im hinteren Teil des großen Raumes, sinken ins dunkelrote Plüsch-Halbrund, und ich bestelle drei Cocktails. Wir gucken uns schweigend und auch staunend um. Bald aber machen wir uns gegenseitig aufmerksam auf das, was wir sehen. Paare drehen sich ge-konnt auf der Tanzfläche, zum Glück schwofen nur einige wenige eng aneinandergepresst, der Rest sieht die Sache eher entspannt.

Trotz des provinziellen Touches hat es etwas charmant Surreales, hier zu sitzen, und mit den Cocktails lockert sich unsere Stimmung merklich auf: Die Drinks ziehen uns fast die Tanzschuhe aus, so stark sind sie. Mama hat einen Caipirinha, Rita und ich einen Mojito. Ich rühre nach dem ersten Schluck, der mich kurz husten lässt, die vielen Eiswürfel herum, um den billig schmeckenden Alkohol besser unterzumischen.

Monika kichert: »Das erinnert mich stark an meinen einzigen Dorfbumms-Besuch hier mit dieser Atmosphäre …« Sie meint eine Dorfdisco, und ich kann das gut nachvollziehen, finde es aber großartig, dass ich dafür eben nicht zwei Stunden aufs Land fahren muss, sondern dieses besondere Erlebnis mitten in Berlin haben kann.

Ich fühle mich wie in einem Film und lehne mich zurück, um mir die Männer anzuschauen. Viele sitzen schweigend neben ihren Tanzpartnerinnen und lassen genauso neugierig die Blicke schweifen. Die meisten sind gekleidet wie das Interieur: Die Hosen saßen mal vor 30 Jahren gut, und das Muster der Hemden wird erst wieder modern. Hinzu kommen schüttere Haare, mühsam zum Zopf gekämmt, oder dralle Bierbäuche, unter Hosenträger gepresst. Bestimmt sind ein paar richtig Nette dabei, aber der erste Eindruck zählt ja auch mit 70 noch, und ob einer davon wirklich in Mamas Beuteschema passt?

Ich habe richtig gedacht, denn schon flüstert Mama mir zu: »Siehst du den mit dem karierten Hemd? Der schwenkt zwar alle Damen hier wild umher, hat aber keinen Arsch in der Hose, dafür einen Bauch. Wahrscheinlich als Gegengewicht«, fügt sie schmunzelnd hinzu.

Rita mit ihren 1,78 Metern hat eine Sorgenfalte auf der Stirn und sagt: »Also mir ist noch nicht ganz klar, wie hier so die Konstellationen sind, sind das alles echte Paare oder nur Tanzpaare? Aber die meisten kennen sich wohl. Und für mich ist vor allem die Größe des Mannes ausschlaggebend! Das macht sonst keinen Spaß – ich möchte nicht so einen Erdnuckel haben!«

Ich habe das Gefühl, als würde ich mit Waldorf und Statler aus der Muppet Show zusammensitzen. Die beiden greisen Puppen kommentieren auf ihrem Balkon ziemlich direkt und nicht gerade höflich alles, was in der Show passiert.

Ich nehme noch einen tiefen Zug aus meinem Glas. Plötzlich steuert ein drahtiger grauhaariger Mann mit blaugrün kariertem Hemd und Jeans auf unseren Tisch zu.

Zu meinem Schrecken streckt er ausgerechnet mir seine Hand entgegen: »Darf ich bitten?«

Ich gerate prompt ins Stottern: »Was, ich? Ich bin doch eigentlich gar nicht ... Also, ich tanze aber eher unkonventionell ...«, versuche ich mich rauszuwinden. Ohne Erfolg, denn es gibt eine goldene Regel im »Keese«, und mit der werde ich sogleich vertraut gemacht.

»Man verteilt hier keine Körbe. Das wird sofort registriert, und dann kommt gar keiner mehr!« Der Tänzer hebt gespielt drohend seinen Zeigefinger, und ich lasse mich von ihm auf eine kleinere Übungstanzfläche etwas abseits führen und bekomme eine Runde Blitzunterricht in Sachen Discofox.

Ich muss zugeben, dass es mir Spaß macht und mein Tanzkurs zum Abiball wohl nicht gänzlich umsonst war. Mein Körper hat sich die Grundschritte gemerkt. Außerdem ist diese erzwungene Nähe ein guter Anlass, um meinen Tanzpartner auszufragen. Er kann schließlich gerade nicht weg. Dabei bekomme ich heraus, dass der Mann verheiratet ist und Olaf heißt.

Da ich eine Mission habe, quetsche ich ihn ungeniert aus,

während er mich gekonnt durch die nächsten drei Songs manövriert.

Ich frage ihn, wie alt er ist. Und warum er ins Tanzcafé geht.

Olaf hat mich fest im Griff und erklärt mir während einer schnellen Drehung: »Ich bin 68, und ich finde, man verpasst sein halbes Leben, wenn man nicht herkommt. Das ist doch der einzige Laden, wo man ab einem gewissen Alter eben noch hingehen kann.«

Mir wird ziemlich warm, ich verstehe, warum sich Olaf trotz der 68 durch sein Hemd hindurch fest und sportlich anfühlt – Tanzen ist anstrengend! »Und wie ist das mit alleinstehenden Frauen? Oder sind nur Paare hier?«

»Nee, ein großer Teil sind Singles. Die haben sich hier zum Tanzen verabredet.«

Mit dieser guten Nachricht im Hinterkopf verabschiede ich mich leicht außer Atem von Olaf und gehe zu unserem Tisch zurück, wo Rita gerade Monika auf den Rücken klopft, die sich offenbar heftig verschluckt hat. Ich sag's ja, die Drinks hier sind nichts für schwache Nerven.

Beunruhigt stelle ich fest, dass Mamas Glas fast leer ist, außerdem hat DJ Jörg noch immer nicht ihren Musikgeschmack getroffen.

»Oh, Gott, lange halte ich das nicht mehr aus mit dieser Rentnermusik, und dann auch noch in dieser Lautstärke!«, ruft mir meine Mutter zu, als sie wieder reden kann. Sie ist vom Husten ganz rot im Gesicht, aber ihre Augen funkeln munter – oder liegt das an den Tränen vom Husten? Ich will die Hoffnung jedenfalls noch nicht aufgeben.

Ich beschließe, mal ein Machtwort sprechen. »Ich habe eine Viertelstunde lang getanzt, das war wirklich lustig, Mama! Was ist denn dein Problem? Zu wenig Glamour?«

»Ach ja, das ist so ... Sixties ... Und ich habe noch keinen Mann gesehen, mit dem ich tanzen möchte!«

»Aber du sollst doch nur mal tanzen, nicht gleich heiraten, Mama!«

»Trotzdem. Man kommt sich ja so nah«, wirft Mama ein.

Ich lache, klar, da muss ich ihr recht geben. Aber ist das nicht der Sinn von Paartanz?

Ich bin noch immer auf Krawall gebürstet, denn mir fängt es an, hier Spaß zu machen. Also sage ich: »Das stimmt, ich war Olaf auch sehr nah, das lässt sich nicht vermeiden. Aber damit das klar ist: Ich gehe hier nicht weg, bevor ihr nicht beide wenigstens einmal getanzt habt! Wir haben doch nicht hier die sieben Euro auf jeden Cocktail gezahlt, damit ihr nur herumsitzt!«

Vielleicht ist das auch unfair, als Jüngste unserer Gruppe bin ich prompt zuerst angesprochen worden. Wieder mal die Statistik bestätigt. Sollte ich mich besser entfernen? Damit ich selbst nicht gleich wieder zum Tanzen aufgefordert werde, gehe ich an die Bar und frage nach der Chefin, schließlich brauche ich für den Podcast ein wenig Input. Eine sympathisch lächelnde, zierliche Frau streckt mir die Hand entgegen. »Hallo, herzlich willkommen im Keese!« Natürlich muss mir die junge Chefin verraten, ob das hier eher Tanztee oder Singleevent ist.

»Ja, das ist schon auch eine Singlebörse bei uns. Viele sind nur Tanzpartner, aber manchmal entwickelt sich auch etwas daraus.« Nadine Ludwig-Kibwebwe führt das Café Keese mit ihrem Mann in dritter Generation und erzählt mir voller Begeisterung: »Wir hatten sogar ein Pärchen, er war 80, sie um die 70, die haben noch mal geheiratet! Oder ein anderes Paar war immer zu viert hier mit seinen damaligen Lebenspartnern, aber als dann der jeweilige Partner verstorben war, da haben sich die beiden Verbliebenen nach zehn Jahren hier wiedergetroffen und sind dann zusammen gekommen! Solche niedlichen Geschichten passieren in unserem Café Keese durchaus.«

Das macht doch Hoffnung. DJ Jörg spielt endlich was Moderneres auf Englisch, und als ich an unserem Tisch zurück bin, steht Mama plötzlich entschlossen auf und geht schnellen Schrittes auf einen großen Mann im hellen Poloshirt an einem Tisch nahe der Tanzfläche zu. Sie fragt ihn etwas, er stellt sein Cocktailglas ab, steht auf, und sie verschwinden auf der vollen Tanzfläche.

Rita und ich gucken uns verblüfft an, und ich gehe unauffällig hinterher. Mit Mühe erspähe ich die beiden im wogenden Knäuel der Paare. Mir wird allein vom Zusehen schwindelig. Der Typ schwingt Mama ziemlich rasant über das Parkett, sie hat rote Bäckchen. Muss ich mir Sorgen machen, dass mir gleich ihre Pumps um die Ohren fliegen? Bei dem Gedanken kichere ich kurz hysterisch auf. Die Drinks wirken.

Aber natürlich meistert meine Mutter ihren ersten Tanz mit Bravour, und als sie nach zwei Liedern zu uns aufs Sofa zurückkommt, leuchten ihre Augen, und sie seufzt außer Atem: »Ui, der hat mich aber in die Runde geschmissen! Heidewitzka! Und ich hab ja gar keine Kondition. Aber schön war das! Tanzen macht ja wirklich glücklich!«

Während Rita, nun ebenfalls angespornt, auf die Pirsch geht, um sich einen Tanzpartner zu suchen, entdecke ich den groß gewachsenen, grau melierten Tänzer meiner Mutter wieder und spreche ihn, mit meinem Mikrofon bewaffnet, an. Der Podcast ruft.

»Und, wie war sie denn so?«, hake ich nach.

»Ach gut! Sehr gut!«

»Sie hat nämlich lange nicht getanzt.«

»Ehrlich? Das hat man nicht gemerkt. Es liegt ja auch immer am Mann, und wenn der gut führen kann, klappt das gut. Ich bin aber auch Trainer für Boogie und Rock 'n' Roll, da sollte das also kein Problem sein«, fügt er zwinkernd hinzu.

Ich finde ihn total sympathisch. Er sieht gut aus mit seiner schwarzen Jeans und dem Poloshirt, und er hat ein schönes, offenes Lächeln.

Wer nicht wagt ...

»Ich suche ja einen Mann für meine Mama. Sind denn nur Paare hier, wie es auf den ersten Blick scheint?«, frage ich unschuldig.

»Nee, es sind eher wenig Paare hier, die meisten sind solo.«

»Oh, Sie auch?«

»Joa!«

Ich lade ihn kurzerhand zu uns an den Tisch ein und mache alle miteinander bekannt.

Monika begrüßt Reiner, wie er sich uns vorstellt, mit lautem: »Hallo, Reiner, das hat Spaß gemacht mit dir!«, und die beiden fangen an, sich zu unterhalten.

Ich schnappe, trotz der lauten Musik, auf, dass Reiner schon über sechs Jahre regelmäßig herkommt, wenn er in Berlin ist.

»Ich bin auch oft in Südamerika, weil ich die Sonne einfach so liebe.«

Mama und Reiner gehen noch mal tanzen, und ich sinke zufrieden in unsere gemütliche Samtecke. Aus Spaß probiere ich unser Tischtelefon aus. Es ist so ein schmaler 90er-Jahre-Hörer aus durchsichtigem Plastik, sodass man die bunten Kabel darin sehen kann. Ich drücke fast schon andächtig die dreistellige Nummer des Nachbartischs, weil es so lange her ist, dass ich so einen Apparat benutzt habe. Leider scheint es dort nicht zu klingeln, niemand hebt ab. Shakira verlangt dem Silbersee auf der Tanzfläche einiges ab, noch ein Lied von Andrea Berg später kommt Rita mit dem gleichen Leuchten in den Augen zurück, und auch Mama taucht mit verschwitztem Pony wieder auf.

»Puh, jetzt reicht's mir aber! Wir können gehen, denn ich habe eh den wahrscheinlich spannendsten Mann hier kennengelernt!«, sagt sie strahlend und schnappt sich ihre Handtasche von der Bank. »Nur schade, dass er bald wieder nach Südamerika geht. Er meinte, er hätte dort gerade eine Wohnung an der Küste gekauft. Ich hab aber seine Telefonnummer ...« Mama macht mit Daumen und kleinem Finger das Telefonzeichen am Ohr und lächelt.

Kein schlechter Fang, denke ich und bilde mir ein, dass da zarte Funken über unseren Tisch sprühen. Vor meinem geistigen Auge liege ich schon mit einem weiteren Cocktail, aber einem sehr guten, bitte schön, am weißen Karibikstrand.

Angeheitert und über uns selbst erstaunt, dass wir tatsächlich im angestaubten Café Keese waren, gehen wir drei zur U-Bahn. Das Abenteuer »Männersuche« hat definitiv Fahrt aufgenommen. Oder um im Keese-Sprech zu bleiben: Mama hat bei der Damenwahl ins Schwarze getroffen.

Kapitel 9

Keine halben Flaschen mehr

Ein paar Tage später kommt die Ernüchterung. Ich rufe meine Mutter an, um zu fragen, wie ihr unser Ausflug in die plüschige Parallelwelt gefallen hat. Ich zumindest bin noch begeistert von dem Ausgang des Abends.

Um sie ein wenig aus der Reserve zu locken, sage ich: »Ich habe auch heute noch das Gefühl, dass da ein kleiner Funke gesprüht hat zwischen Reiner und dir. Findeste nicht?«

Meine Mutter sagt zögerlich: »Ich weiß nicht. Das lag vielleicht an den Cocktails. Er war schon von allen Männern dort der ansehnlichste und auch ein toller Tänzer. Und er fasste sich auch gut an! Aber nach längerer Überlegung denke ich, dass er eigentlich gar nicht so mein Typ ist.«

»Waaaaas?!? Och Mama! Echt jetzt? Er war doch super-cool, nett, gut aussehend und dazu ein guter Tänzer!« Nach meiner ersten Enttäuschung spüre ich die Unsicherheit, die eigentlich hinter Mamas Reaktion steckt. Nach jahrzehntelanger Date-Abstinenz und bereits einer unmittelbaren Abfuhr keimen in ihr Zweifel auf, ob sie sich dieser ja doch sehr persönlichen Bewertung durch einen fremden Mann noch einmal aussetzen möchte. Sie sagt es nicht so direkt, aber ich merke es an ihrem Zögern und beschließe kurzerhand, ihr die Sache abzunehmen.

»Weißt du was? Ich rufe Reiner mal an. Er weiß ja, dass wir an diesem Abend in Mission unterwegs waren und ich ihn auch interviewt habe. Ich sage, ich hätte noch ein paar Fragen an ihn!«

»Na, mach mal, hier ist seine Nummer ...«, sagt Mama fatalistisch und diktiert mir seine Handynummer.

Etwas nervös rufe ich kurz darauf an. Reiner geht gleich ans Telefon und scheint gar nicht verwundert zu sein, dass ich mich melde. Wie schon im Café Keese duze ich ihn weiterhin.

»Du hast ja mitbekommen, dass meine Mama auf der Suche nach einem neuen Partner ist und ich sie dabei unterstütze. Ich hatte das Gefühl, ihr hattet wirklich Spaß miteinander. Darf ich mal fragen, wie alt du bist?«

»Ja, es war wirklich lustig mit euch. Ich bin 58.«

Verdammt. In dem schummrigen Licht hätte ich locker fünf bis zehn Jahre draufgepackt. Das sage ich natürlich nicht. »Na, meine Mama ist Anfang 70 ...«, versuche ich es diplomatisch. »Ist das ein Problem für dich?«

»Oha, also sei mir nicht böse, aber ja. Das ist mir zu alt. Und ich bin ja auch bald nicht mehr in Deutschland. Tut mir leid«, entschuldigt sich Reiner.

Ich bin ihm nicht böse, ich hab mich einfach echt verschätzt bei ihm. Aber schade finde ich es natürlich schon. Vor allem, weil es diese elende Statistik bestätigt. Reiner wünscht uns noch viel Glück, und wir verabschieden uns. Auf Nimmerwiederhören.

Jetzt heißt es: Aufstehen. Krönchen richten und weiter.

Ich setze auf meinen Joker Liljana. Eine gute Freundin von Mama, die als Single-Seniorin noch wahnsinnig umtriebig ist. Sowohl im realen Leben als auch online. Mit ihr sind wir am nächsten Samstag verabredet. Um herauszufinden, ob wir uns bei Mama zu Hause, in einer Bar oder bei Liljana direkt treffen, rufe ich Mama auf dem Handy an. Es ist besetzt. Auch zehn Minuten später noch. Ich schicke ihr eine WhatsApp-Nachricht, dass sie mich anrufen möge. Es vergehen noch zwanzig Minuten, bis sie zurückruft.

»Sorry, ich musste mal wieder ausführlich mit Volker reden. Wo sich bei uns gerade so viel ereignet, und er kennt das Café Keese ja noch aus Hamburg, da hat der Herr Keese nämlich zuerst eines seiner Cafés nach dem Krieg aufgemacht. Volker meint, er hätte gelesen, dass dort angeblich 50 000 Ehen in die Wege geleitet worden seien! Irre, oder? Und im Keese-Knigge stand wohl der lustige Satz: ›Denken Sie stets an die These, es regiert die Frau im Keese.‹«

Mama lacht, und ich muss mitlachen. Ball Paradox. Wirklich eine fortschrittliche Einrichtung des Herrn Keese, und das bereits Ende der 40er-Jahre! Meine Mutter scheint überhaupt ziemlich gut drauf zu sein, ich komme gar nicht weiter zu Wort, sie hat noch einen weiteren Knaller in petto.

»Du glaubst nicht, wer mich heute Morgen schon angerufen hat!«

»Äh, nee. Volker?«

»Nein! Eckhardt!«

Ich stehe auf dem Schlauch. Ich kenne keinen Eckhardt. Okay, die Frage war eh rhetorischer Natur, denn Mama beantwortet mein stilles Fragezeichen im Kopf prompt.

»Eckhardt heißt der Mann, der diese interessante Annonce aufgegeben hat! Wir haben fast eine halbe Stunde telefoniert, und es war wirklich ein nettes Gespräch. Am Ende bat er um meine Adresse, weil er sich irgendwie noch für meinen schönen Brief bedanken möchte!«

»Mama, das ist ja wunderbar, aber du kannst doch nicht einem wildfremden Mann sofort deine Adresse geben!«, sage ich laut und bekomme einen kleinen Schweißausbruch. Hochstapler. Heiratsschwindler. Herzensbrecher. Mir schießt alles Mögliche durch den Kopf. Ich atme tief durch.

Mama beruhigt mich. »Du weißt, ich habe eine gute Menschenkenntnis. Der machte wirklich einen anständigen Eindruck, glaub mir.«

Okay. Ich glaube ihr und lasse mich von ihrem Optimismus anstecken. »Und wie ist er so? Und vor allem: Was macht er? So außerhalb der Norm?«

»Das hat er mir lang und breit erzählt. Das ist tatsächlich weniger aufregend, als wir dachten. Er meinte, er wäre immer Geschäftsführer gewesen und habe ein sehr straffes und durchorganisiertes Leben gehabt, sodass er jetzt eher Laisser-faire lebt. Er steht zu keiner bestimmten Uhrzeit mehr auf, lässt sich nicht durch Zeiten sein Leben diktieren, und, das fand ich ja das Witzigste, er sagte wörtlich: ›Und ich trage auch mal bunte Hosen, wenn mir danach ist!‹ Das ist sein Verständnis von Unangepasstheit. Süß, oder?«

»Hihi, ja. Niedlich irgendwie. Zwar ein bisschen anders, als wir dachten, aber sicher nicht unspannend. Wie seid ihr denn verblieben?«

»Wir wollen die nächsten Tage wieder telefonieren. Ich rufe ihn an, hab ich ihm gesagt.«

Die Anzeige. Bingo. Hatte ich schon fast vergessen, und nun das! Mama und ich verabreden uns am Ende unseres Telefonats noch für Samstag direkt zu Hause bei Liljana. Darauf freue ich mich. Liljana ist Single, aber nie wirklich allein. Obendrein ist sie ziemlich schlagfertig, und sie deutet immer einiges aus ihrem Männerleben an, ohne je konkret geworden zu sein. Dann kann ich sie endlich mal ungeniert ausquetschen.

Liljana kommt eigentlich aus dem Rheinland. Manchmal hört man das auch noch, dann pflegt sie einen Mischmasch aus Kölsch und Berlinerisch. Sie hat sich vor 50 Jahren in Berlin eine Existenz mit einer eigenen Modeboutique aufgebaut. Vor einem Jahr hat sie die Boutique aufgegeben und bietet nur noch privat Stilberatungen für ihre Stammkundinnen an. Sie ist selbstverständlich immer tipptopp gestylt. Ihr Alter, also dass sie Mitte 70 ist, sieht man ihr überhaupt nicht an. Im Gegenteil, Liljana geht locker für Ende 60 durch. Sie ist superschlank, hat einen schicken blonden Bob, und mit ihren, ich vermute gestrafften, Augenlidern sieht sie immer frisch aus. Heute trägt sie ein dunkelblaues, eng anliegendes Kleid mit einer passenden Pfauenbrosche in Blau-Grün. Nur ihre schwarzen Hausschlappen konterkarieren das Outfit. Aber wir sind ja unter uns!

Als wir in ihr Reihenhäuschen kommen, begrüßt sie uns jeweils mit zwei Küsschen und sagt in ihrer unnachahmlichen Art zu Monika: »Mensch, du hast die Haare aber schön! Sacht mal, wollen wa wat saufen? Ich hab noch 'ne halbe Flasche Sekt da. Los, platzt euch.«

Und sie geht in die Küche, wo es kurz darauf plopp macht. Sie kommt mit drei Sektgläsern und einer regulären 0,75-Liter-Flasche zu uns ins Wohnzimmer.

»Das ist bei dir also eine halbe Flasche?«, frage ich lachend.

»Ja, klar. Ich fand das gescheiter als immer die großen.« Sie meint Magnum-Flaschen mit 1,5 Litern. Typisch Liljana. Wir prosten uns auf ihrem moosgrünen Samtsofa mit dem Rosé-Sekt zu.

Liljana sprudelt mit der Kohlensäure direkt um die Wette: »Die hat mir zum Glück der Jochen neulich mitgebracht. Wenn der meinen Sherry trinkt, soll er gefälligst auch die nächste Pulle mitbringen. Wenn die das nicht machen, verliere ich schon die Lust. Geiz geht gaaaar nicht! Und die Akademiker sind da ja besonders ...« Sie pfeift durch die zusammengekniffenen Lippen.

Monika fragt zurück: »Jochen ... Ach der, mit dem du neulich bei meiner Lesung warst? Der schmale Mann?«

»Jaja, genau.« Sie kichert. »Dat schmale, unsichtbare Kerlchen. Aber so selbstbewusst, weil er ja 'n Intellektueller ist, und er hätte ja wer weiß was für einen wahnsinnig großen Bücherschrank, ach was, eher eine Bibliothek! Aber sonst hat er nichts draufgehabt, mal mit nett weggehen, unterhalten, bissel Kultur oder so. Den treff ich bestimmt nicht noch mal. Ich hab gerade auch so einen anderen Fall an der Hacke. Weißte, Monika, wer sich plötzlich wieder bemüht? Ernst-Christian!« Sie legt eine kurze Pause ein. Ob zum Atmen oder als Stilmittel ist nicht ganz klar, denn ohne unsere Reaktion abzuwarten, plappert sie weiter: »Den kenne ich ja jetzt schon ein ganzes Jahr, und der turtelte immer so halbherzig um mich rum, und plötzlich kümmert er sich wieder. Sagt mir jeden Morgen ›Guten Morgen‹ und abends ›Gute Nacht‹. Und jetzt heiße ich plötzlich ›Sonnenschein‹. Na gut, soll er mal machen. Aber ich bemerke halt seine Eigenheiten. Da sag ich mir: Das gucke ich mir nicht lange an. Wozu auch? Ich verliere doch Zeit!« Sie erhebt ihr Glas. »Prost, meine Damen!« Wir stoßen laut klirrend an.

Ich möchte von Liljana wissen, wie alt die Männer sind, mit denen sie sich trifft, schließlich weiß ich, dass Mama erst wegen ihres Alters eine Abfuhr kassiert hat. So, wie sie reagiert, ist das eine wohl überflüssige Frage.

»Na, immer jünger! Männer in meinem Alter kann ich gar nicht gebrauchen! Die sind einfach nicht so flexibel!« Sie erklärt uns, wie unterschiedlich Frauen und Männer mit ihrem Junggesellenleben umgehen. Ihrer Erfahrung nach haben Männer über 65 zu viele Eigenarten an sich, die davon kommen, dass sie lange allein sind. Gerade diese Männer hält sie nicht mehr für so flexibel, dass sie sich noch verbessern wollten. Und sie fährt fort: »Was ich gestern in der Diskussion mit Ernst-Christian wieder erlebt habe! Dieses Besserwisserische. Da hab ich gedacht: So, mein Lieber, das darfst du mir jetzt noch einmal erklären, und dann bekommst du von mir aber das Vaterunser. Und entweder du hältst das aus, oder dieser frische Neubeginn ist beendet. Ich finde das ganz traurig, aber in unserem Alter haben wir doch nichts mehr zu verschenken! Oder, Monika?«

Mama lacht leise. »Ja, natürlich. Und dadurch, dass wir schon so ein langes Leben hinter uns haben und so viele Erfahrungen, da denkt man halt schnell: Ach du, lass mal. Hatte ich alles schon«, sagt meine Mutter.

Liljana seufzt und geht in die Küche, um uns Erdnüsse zu holen. Sie ist noch nicht ganz wieder bei uns, da sagt sie: »Manchmal denke ich auch, dass uns unsere Erfahrung im Weg steht. Man stürzt sich einfach nicht mehr so rein. Man hat aber auch noch einen enormen Lebenswillen, und den mit einem gleichaltrigen Partner noch einmal auffrischen zu können, da merke ich, da ist so viel Diskrepanz zwischen dem, was ich will und möchte, und dem, was kommt. Die sind so viel bequemer. Das hab ich auch mit Horst. Ein ganz lieber Charakter, aber der vergisst so viel! Das macht mich schier wahnsinnig. Und der ist erst 66!«

Horst? Jochen? Ernst-Christian? Mir schwirrt der Kopf von den ganzen Namen und dem Rosé.

Liljana zeigt keinerlei Ermüdungserscheinungen. »Der Horst kam mir sooo alt vor. Der hat mich wirklich genervt, zumal er schon vorher immer Verabredungen verwechselt hat. Da dachte ich: Na, so geht das los. Da haste bald 'n Pflegefall. Willste das? Nein! Und ich glaube, das ist die Antwort, warum wir alleine sind. Oder, Monika?« Sie schaut meine Mutter an, erwartet aber nicht wirklich eine Antwort, sondern erklärt mir: »Du hast auf der anderen Seite immer das Risiko, dass da jemand ist, der betüddelt werden will, machen wir uns nichts vor. So, wie wir uns nach Nähe und unter Umständen auch Zärtlichkeit sehnen, sehnen die sich genauso, können das aber weniger gut ausdrücken. Und in dem Alter, wenn der jetzt schon alles vergisst, da denkste doch: Und was mache ich mit dem in einem Jahr? Was wird daraus? Und dann tut mir das leid, aber das hab ich hinter mir!« Liljana trinkt energisch ihr Glas leer.

In ihrer Direktheit nehmen sich die beiden Freundinnen nicht viel. Auch nicht mit ihrer Sehnsucht, die natürlich mit zunehmendem Alter nicht einfach verschwindet.

Liljana schaut auf ihren kleinen Vorgarten hinaus, der durch ihr Terrassenfenster nur schemenhaft zu erkennen ist. Die Beleuchtung draußen sieht aus, als wären Mini-Ufos auf dem Rasen gelandet. »Manchmal habe ich noch einen enormen Hunger nach Leben und auch nach Veränderung.« Liljana seufzt.

Mama wirft energisch ein: »Ich doch auch. Aber wo finde ich einen Mann, der spontan und auch neugierig ist? Das ist schwierig!«

Ich komme gar nicht mehr dazwischen mit den Fragen, die ich im Kopf habe, denn wie beim Tennis schaue ich abwechselnd von einer zur anderen. Die beiden Freundinnen sind nun ganz in ihrem Element.

Jetzt ist wieder Liljana dran: »Bleib neugierig, Liljana,

sage ich zu mir selber auch immer. Wenn ich an den PC muss, der mir wirklich zuwider ist, dann lerne ich das eben noch mal. Dann bezahle ich jemanden, der mir das erklärt. Na gut, manchmal setze ich die Kerle dafür ein, das mache ich auch. Oder der eine kärchert meine Terrasse, der gestern hat mir die Lampe repariert. Das bin ich aber auch so gewohnt.« Liljana zieht eine leichte Schnute und zuckt entschuldigend mit den Schultern.

Was für eine Frau. Sie hat keine Kinder, aber ich erinnere mich, dass sie irgendwann mal erwähnt hat, dass sie verheiratet war. Als ich sie frage, wie lange, zählt sie an der linken Hand mit Daumen, Zeigefinger und Mittelfinger ab, lächelt mich an und sagt: »Erst einmal, dann ein zweites Mal, und das dritte Mal hat am längsten gedauert. Fast zehn Jahre, das war meine offene Beziehung mit einer Frau.«

Ich versuche, nicht allzu überrascht zu wirken, aber dass Liljana auch auf Frauen steht, höre ich zum ersten Mal. »Und guckst du heute noch nach Frauen?«

»Nein. Das war wirklich eine einzigartige Begegnung. Ich hatte auch immer Freunde währenddessen und hab das auch so klargestellt von Anfang an. Aber sie hat darunter irgendwann gelitten, und das hat es zum Zerbröckeln gebracht.«

Ähnliches höre ich heute, rund 30 Jahre nach Liljanas Erfahrung, auch von meinen Freundinnen, deren Beziehung eine Öffnung nicht überlebt hat. Entweder weil eine Seite die Offenheit anders interpretiert oder ihr nur zustimmt, um den anderen nicht zu verlieren. Oder weil einer eben dann anders damit umgehen kann als der oder die Partner*in.

Liebe – das ewige Projekt um Versuch und Irrtum ist wirklich keine Frage des Alters. Liljana ist das beste Beispiel dafür. Ohne dass ich noch irgendeine Frage stellen muss, plaudert sie weiter drauflos. Nicht ohne Mama und mir vorher noch einmal nachgeschenkt zu haben.

»Letztes Jahr habe ich mich derart verknallt! Und das in meinem Alter, das hat mich richtig schockiert! Das hat mich wirklich aus der Bahn geworfen, kann ich dir sagen. Deine Mutter weiß das. Ach, übrigens, Monika, der hat wieder Kontakt mit mir aufgenommen ...« Sie wirft meiner Mutter vielsagende Blicke zu.

Was als Nächstes kommt, ist eindeutig für die Ohren meiner Mutter bestimmt, ich verstehe nur Bahnhof. »Der ist gestern mit dem Krankenwagen nach Hause gefahren worden und wurde das zweite Mal operiert.«

»Och, da brauchte er wohl Trost!«, sagt meine Mutter wenig einfühlsam, und das offenbar zu Recht, denn Liljana nickt zustimmend.

»Ja, genau, aber den soll er sich bei seiner Alten zu Hause abholen!«

Ich frage: »Er ist also verheiratet?«

»Ja. Aber er hat zwei Wohnsitze.«

Meine Mutter sagt in wissendem Tonfall zu mir: »Gute Männer sind ja meistens verheiratet.«

Ich hake nach, möchte wissen, wieso Liljanas Verliebtheit sie letztes Jahr so geschockt hat. Sie überlegt kurz.

»Ja, es war ein Schock, aber auf der anderen Seite auch eine riesige Überraschung, dass es mich so heftig gepackt hat. Zumal ich meine Beziehungen immer im Griff hatte. Und weißt du, durch ihn habe ich plötzlich verstanden, dass ich in meinen Beziehungen nur so selbstsicher war, weil ich nicht wirklich geliebt habe. Das ist so. Wenn du nicht wirklich liebst, hast du es besser im Griff. In meinen drei Leben, so nenne ich immer die wichtigsten Phasen, also wenn man mit jemandem zusammenwohnt, was ja viel intensiver ist als nur so, da habe ich mich trotzdem leicht trennen können. Das hat nicht annähernd so geschmerzt wie diese letzte Geschichte. Das kann ich aber auch jetzt erst zugeben ...« Sie seufzt, und es ist kurz ganz still.

Dann haut Mama in ihrer pragmatischen Art den Spruch heraus: »Ich sage ja immer: Wenns wehtut, weißt du, dass du noch lebst.«

»Och, Monika, soll das jetzt ein Trost sein?«, fragt ihre Freundin.

»Ja, schon. Das ist doch schön, wenn man noch in der Lage dazu ist, sich so loszulassen und auch wieder einzulassen ...«

Der Sekt ist alle, unsere anfängliche ausgelassene Stimmung ist ins Melancholische gekippt, dabei wollten wir ja noch weggehen. Eigentlich habe ich weiterhin viele Fragen an Liljana, fühle mich aber plötzlich genauso leer wie die Sektflasche.

»Na los, Mädels, wir wollen ja noch was erleben heute!« Liljana springt auf, bringt die Gläser in die Küche zurück und verschwindet im Bad. Auch Mama holt ihren Lippenstift aus ihrer kleinen schwarzen Handtasche und zieht auf dem Sofa ohne Spiegel gekonnt ihre Lippen nach.

Liljana kommt aus dem Bad, duftend und ebenfalls mit rot geschminkten Lippen. Sie hat zu ihrer rheinischen Frohnatur zurückgefunden und fragt uns, wieder eher rhetorisch: »Nehmt ihr auch wahr, wie die Männer teilweise angezogen sind, oder geht das nur mir so, weil ich ja beruflich immer mit Mode viel zu tun hatte? Hach, ich sehe dann immer das knittrige Hemd und das selten getragene, völlig überalterte Jackett, das viel zu lange auf dem Bügel hing. Das erkennt man an den Falten oben an den Schultern.

Oder es ist oben schon zu schmal, dann kommt die Wampe, auf dem Hemd ist ein Fleck. Das sehen die schon gar nicht mehr! Denken noch Wunder, wie flott sie sind, weil Schwarz ist ja gerade so in Mode. Da tun sie mir dann fast schon leid.« Liljana schlüpft kichernd in ihre schwarzen Pumps.

Im Rausgehen frage ich sie, wie oft sie noch klassische Dates mit Männern hat.

»Ach, da hab ich schnell die Lust dran verloren. Gut, der Letzte, der mit dem zu kleinen Jackett, der hat wenigstens noch meinen Kaffee bezahlt. Aber das haste auch nicht immer, ist mir auch schon passiert!«

Sie zieht die Haustür ins Schloss, und wir gehen zu Fuß los.

»Hier links entlang, Ladys! Wisst ihr, ich hatte mal einen Jüngling, den Julius, der hing mir zwei Jahre an, und ich vergesse das nie: Der holte mich vom Laden ab, ein sehr hübsches Kerlchen war das, aber sehr schlank. Als ich den angefasst habe, dachte ich: ›Nee, da haste ja 'n Sohn in der Hand‹, so dünn und schlank war der. Na ja, also der holt mich ab, und wir sind zusammen in den Irish Pub. Ich hatte einen Tee getrunken, und den hat er tatsächlich nicht bezahlt! Da hab ich nur gedacht: ›Grundfehler, Junge.‹ Den hatte ich auf einer Party kennengelernt und ihn nach dieser Nummer im Pub zwei Jahre auf die Rolle genommen. Wir haben uns noch mal in einer Bar getroffen, und da hatten wir eine heiße Diskussion. Er säuselt mir zu, er wüsste ja jetzt, dass er mich begehrt und bla, bla, bla. Da sage ich zu ihm: ›Aber dir muss doch bewusst sein, dass ich sehr viel älter bin als du.‹ Da sagt er: ›Ach, mach dir keine Gedanken, du bist erotisch wie eh und je, ich hatte außerdem immer ältere Frauen.‹ Der war vielleicht so 45. Also wirklich. Und jetzt hab ich diesen Musiker kennengelernt, einen Klarinettisten, aber der ist noch keine 40, und der schreibt mir andauernd!« Sie schüttelt im Gehen verwundert ihren blonden Schopf.

Wir sind schon zwei Straßenblocks Richtung oberer Kurfürstendamm gelaufen. Hier will uns Liljana eine ihrer Lieblingsbars zeigen. Ich bin gespannt, wie viele ihrer jungen Verehrer dort auftauchen!

Liljana wendet sich mir zu: »Weißt du, Magda, was ich dann immer denke, bei diesen jungen Dingern?! Die gucken, ob da nicht was zu holen ist. Die suchen einfach eine Versorgungspartnerin!«

Auf diesen Gedanken bin ich noch gar nicht gekommen, aber klar, warum sollten einige Beziehungen zu reifen Frauen nicht genauso funktionieren wie die mit manch älteren Herrschaften? Prompt höre ich mich erstaunt fragen: »Du meinst, die wollen dich als ›Sugarmummy‹?!?«

»Oh, ja, natürlich! Da bin ich ganz, ganz vorsichtig!«

Daran muss die Ü-60-Singlefrau also auch noch denken! Nicht alle jüngeren Männer interessieren sich offenbar allein für ihr an Erfahrung reiches Leben.

»Aber der Julius wurde dann ganz kleinlaut, von wegen bezahlen und so, und hat mich danach immer eingeladen! Aber du musst die erst mal darauf bringen! In dem Alter sind die das nicht gewohnt, scheint mir. Die sind da von den jungen Frauen anders erzogen, weil die jetzt alle so emanzipiert sind. Ihr seid doch so emanzipiert, oder nicht? So: Hey, ich verdiene mein eigenes Geld, ich bezahle für mich! Oder, Magda?« Sie ist stehen geblieben und schaut mich herausfordernd an.

Ich muss kurz auflachen. »Ja, klar bin ich auch emanzipiert, aber mir kann doch trotzdem jemand mal einen

Drink spendieren. Oder ich mache das für uns beide. Also ich bin da echt nicht dogmatisch!«

Wir sind angekommen. Liljana bleibt mit uns vor einer schmalen Tür mit halbrunder roter Markise stehen. In grellen, sich abwechselnden Farben blinken der Name der Bar auf und ein »Open«. Hinter dieser Tür könnte sich jetzt alles Mögliche verbergen.

Liljana versichert uns: »Das hier ist eine Westberliner Institution!«

Kapitel 10

Please Mr Postman

Noch bevor Liljanas Hand den Türknauf erreicht, wird uns auf magische Weise von innen geöffnet. Ein Mann um die 60 in abgewetzter Lederjacke und mit Zigarette im Mundwinkel begrüßt uns und bittet darum, unsere Jacken gleich bei ihm abzugeben. Er ist Türsteher und Garderobier in Personalunion. Wir drei ziehen uns etwas umständlich in dem wirklich kleinen und sehr verrauchten Flur aus und reichen unsere Mäntel über den Tresen. Dann gehen wir durch eine schmale Schwingtür. Mir bleibt förmlich der Mund offen stehen. Wahnsinn. Hätte sich das hier ein Filmausstatter ausgedacht, ich hätte es absolut übertrieben gefunden, selbst wenn der Film in den 80ern gespielt hätte: Um eine höchstens zwei Quadratmeter große Tanzfläche aus glänzendem Linoleumboden und mit Spiegelrückwand stehen vereinzelt Stehtische, darauf Salzstangen, ein paar Barhocker drum herum. Überall an den schummrig beleuchteten und mit Stoff bezogenen Wänden hängen Harlekine und Pierrot-Masken. Die Decke über der Bar ist mit einem großen Stück Samtstoff abgehängt worden, der Tresen mit weinrotem Kunstleder umrandet. Es gibt Fotos, Lichterketten, Bommeln und noch mehr Harlekine und von allem ein bisschen zu viel. Es läuft ein alter Schlager. Ich bin fasziniert. Wir nehmen einen freien Tisch neben der Bar.

Liljana bestellt für uns Sekt Aperol und meint lachend: »Prost, ihr Lieben! Schön schummrig hier, oder? Deswegen komme ich gern her, das steht uns so gut. Auf einen schönen Abend! Und auf dass Frau Bienert das hier aushält!«

Wir lachen mit, und ich weiß jetzt schon, dass ihr Zweifel nicht unbegründet ist. Ich kenne schließlich meine Mutter, daher bete ich innerlich den DJ oder vielmehr die wahrscheinlich selbst gebrannte CD an, die da läuft, dass es auch noch ein paar englischsprachige Klassiker aus den 70ern oder 80ern geben wird. Auf Rammstein sollte ich hier wohl nicht hoffen! Wir knabbern still die Salzstangen und lassen die Blicke schweifen. Ich entdecke einen Mann, der allein neben der Tanzfläche steht. Er beobachtet etwas gelangweilt ein Paar, sicher auch jenseits der 70, das gerade im Walzertakt tanzt. Dann schaut er in unsere Richtung. Ich stupse Mama mit dem Ellbogen an und deute stumm mit dem Kopf auf ihn.

»Ja, schon gesehen, aber der ist wahrscheinlich zu jung!«, ruft mir Mama ins Ohr. »Ich schaue schon, bei wem ich hier zweimal hingucken würde, aber na ja. Kannste eher knicken.«

Ich frage Liljana noch ein bisschen aus, aber einer ihrer Verehrer ist heute wohl noch nicht in Sicht. Dafür kommt gerade ein Rosenverkäufer rein.

Liljana deutet auf ihn. »Einer hat mir hier mal den ganzen Strauß gekauft.«

Heute scheinen die Geschäfte aber nicht so gut zu laufen. Auch der »Silberrücken« zu unserer Linken, der bis eben noch allein an der Bar saß, möchte der jungen Frau, die sich gerade neben ihn gesetzt hat, keine Rose schenken. Ich beobachte die beiden neugierig. Jetzt bestellt er ihr immerhin einen Drink.

Liljana, die meinem Blick gefolgt ist, raunt mir ins Ohr: »Die kenn ich, die kommt quasi zum Arbeiten her und guckt, wer sie später dann mitnimmt ...« Erst mal nimmt die junge Frau mit dem abgeklärten Gesichtsausdruck unter dem dunklen Pony einen blauen Drink mit Schirmchen entgegen. Ist da etwa Blue Curaçao drin? Wenn das so weitergeht, bestell ich mir gleich einen Batida Kirsch. Auf die guten alten Zeiten, wo Cocktailbars noch Sand auf dem Boden hatten. Schade, dass die Musik so unterirdisch ist, ich könnte hier noch stundenlang die Leute beobachten, aber ich spüre, wie Mama auf ihrem Hocker unruhig hin und her rutscht. Eine zweite Runde Getränke lehnt sie ab, und in Lästerlaune scheint sie auch nicht zu sein. Wahrscheinlich ist es ihr unangenehm, dass ihre Freundin sich hier so wohlfühlt. Mit wackelndem Zeige- und Mittelfinger nach unten gerichtet deutet sie mir das »Lass uns gehen«-Zeichen an.

Liljana wird in dem Moment von einem Mann mit prächtigem weißen Haar und braunem Jackett zum Tanzen aufgefordert. Offenbar kennen sich die beiden bereits. Jetzt können wir reinen Gewissens gehen. Wobei – wenn jemand allein in einer Bar zurechtkommt, dann Liljana! Sie winkt zum Abschied. Wir lassen die Harlekine in ihren Samtvorhängen zurück und holen unsere Mäntel ab, die uns dank des ketterauchenden Garderobenmannes noch einige Zeit an diesen Abend erinnern werden.

Draußen saugen Mama und ich gleichzeitig geräuschvoll die frische Nachtluft ein. Mir tränen ein bisschen die Augen, und in meinen Ohren fiept es. Ich fühle mich wie von einer Zeitmaschine ausgespuckt, zwischen meinen Zähnen kleben Salzstangenreste. Mama sagt gar nichts. Braucht sie auch nicht, ich weiß genau, was in ihrem Kopf vorgeht.

Daher beginne ich. »Schon verrückt, dass es noch solche Läden in Berlin gibt, als wäre die Zeit stehen geblieben!«

»Tja. Schwierig«, sagt Mama einsilbig. Und eine Straßen-ecke weiter fügt sie hinzu: »Ich fand auch, das hatte keinen Stil. Das Café Keese war ja irgendwie noch charmant, aber hier kamen mir einfach alles und alle nur sehr gestrig vor. Wie übrig geblieben. Wirklich schade, denn ich hatte mir mehr erhofft. Und dann diese Musik ...« Sie rollt mit den Augen. »Es ist einfach nicht mein Stil.«

Es kann doch nicht sein, dass es selbst in der Hauptstadt keine Events oder Lokalitäten gibt, die zwar für Mamas Generation sind, aber eben nicht diese typischen Oldie-Klischees bedienen! Ich bin tatsächlich gerade etwas des-illusioniert und weiß nicht wirklich, wohin wir noch gehen könnten. Außer erst mal nach Hause.

Mama und ich hören ein paar Tage nichts voneinander. Auf meine WhatsApp-Nachricht, ob es Neuigkeiten gibt, schickt mir meine Mutter ein Foto aus ihrem Garten. Die große Magnolie setzt bereits erste zartrosa Knospen an. Dazu schreibt sie:

> Keine News. Aber neulich wieder mit Eckhardt telefoniert, war wieder nett. Muss mich jetzt aber mal um die wirklich wichtigen Dinge kümmern.

Verstehe. Kaum sind die Gradzahlen zweistellig, ist sie in ihr Kleinod, ihren Zufluchtsort und irgendwie auch Le-benssinn abgetaucht: in ihr kleines grünes Paradies in einer Schrebergartenkolonie. Der Garten ist wie meine Mutter: unkitschig, authentisch, ein bisschen wild, aber mit liebe-voller Ausstrahlung. Und natürlich gibt es keinen einzigen Gartenzwerg dort. Vor vielen Jahren habe ich ihr mal einen geschenkt, der war einfach komplett schwarz lackiert, von der Zipfelmütze über das Gesicht bis hin zu seinen Stiefeln, und er trug einen haptisch abgesetzten Nietengürtel. Aber selbst dieser ironische Keramik-Zwerg durfte nicht in ihren Garten einziehen.

Der Garten ist wirklich ein Geschenk für uns Stadtpflanzen und im Sommer eine echte Oase. Und eine Aufgabe. Ich glaube, das ist ein wichtiger Punkt für die Generation meiner Mutter. Dass es etwas gibt, das sie noch fordert und auch unabkömmlich macht. Vor Kurzem musste ich beruflich zum Abschiedskonzert der österreichischen Kultband »Erste Allgemeine Verunsicherung«. Ich ging völlig ohne Erwartungen, und es wurde ein höchst amüsanter und kurzweiliger Abend. Vor allem dank Klaus Eberhartinger, dem Sänger und grandiosen Entertainer, der bei der Show nicht müde wurde, über das Alter zu scherzen. Eberhartinger ist knapp 70 und sagte unter anderem auf der Bühne: »In unserem Alter sollten wir ab und zu schon mal mit der Hand im Blumentopf schlafen, damit wir uns an die feuchte Erde gewöhnen.« Den Spruch hatte ich meiner Mutter noch während des Konzertes gesimst, und sie antwortete mit einer SMS mit Zwinkersmiley am Ende:

> Jetzt weißt du, warum ich so gern im Garten bin! 😉

Meine Mutter ruft mich an und sagt, noch bevor ich zu einem »Hallo« komme: »Stell dir vor, ich hab Post bekommen! Beziehungsweise noch besser: ein Paket!«

»Waaaas? Etwa von Eckhardt? Hast du es schon aufgemacht? Was ist drin?«, kreische ich ihr ins Ohr. Aus Erleichterung und Freude: Er hat wirklich nur ein Paket geschickt und nicht den Enkeltrick versucht.

Meine mitdenkende Mutter sagt: »Nee, ich hab noch nicht reingeguckt, ich dachte, du möchtest ja bestimmt dabei sein. Es ist nicht gerade klein!«

Wir verabreden uns für den späten Nachmittag bei ihr. Ich bin so gespannt! Statt Blind Date gibt's Blind Post, auch nicht schlecht.

Mama und ich halten uns gar nicht lange mit Small Talk auf, als ich wenig später bei ihr eintreffe. Sie schiebt mich direkt in ihr Wohnzimmer und zeigt mir das Paket auf dem Tisch. Eigentlich ist es vielmehr eine Holzkiste, sicher einen knappen Meter lang. Sie wurde ziemlich wild mit etlichen Lagen aus braunem Klebeband umwickelt.

»Ich finde, es sieht aus wie eine Weinkiste«, sagt Mama freudig. Damit hätte ihr neuer Verehrer natürlich voll ins Schwarze getroffen.

Wir reißen und schneiden und zerren am Klebeband, bis tatsächlich die ins Holz gebrannte Beschriftung einer französischen Rebsorte zu erkennen ist und sich der Deckel der Kiste endlich abheben lässt. Auf einigen Lagen Zeitungspapier (hauptsächlich der Wirtschaftsteil einer Berliner Zeitung) liegt eine Postkarte. Wir entziffern mit etwas Mühe ein:

Danke schön für Ihre nette Zuschrift.
Anbei als kleine Aufmerksamkeit eigene Kreationen meiner Konfitüren

Ich bin irritiert. Kein Wein? Stattdessen hat er Marmelade eingekocht? Manche würde diese Fähigkeit wahrscheinlich in Entzücken versetzen – nicht so meine Mutter. Sie isst nämlich keine Marmelade.

Und als sie ganze vier Einmachgläser aus dem Papier wickelt, sagt sie, für mich wenig überraschend: »Ich esse doch nie Marmelade. Willst du die haben?«

Das war ja jetzt nicht Sinn der Sache, aber bei Ingwer-Pflaume und Apfel-Cointreau sage ich nicht Nein. Aber mir steigt neben dem Geruch nach Druckerschwärze und Holzkiste noch etwas anderes in die Nase. Etwas Liebliches. Jetzt riecht Mama es auch und befördert vom Kistenboden unter einer weiteren Lage Zeitungspapier eine schmale Schachtel hervor, die mit einem kleinen Lederband und Druckknopf verschlossen ist.

»Ach, guck mal, da ist ja noch etwas drin! Oh, nein, hoffentlich ist das kein Parfum! Also das wäre mir an dieser Stelle wirklich zu intim! Er kennt mich ja schließlich noch gar nicht!«

Ist das hier das Worst-case-Paket oder was? Nein, zum Glück ist Eckhardt (noch) nicht übers Ziel hinausgeschossen, womit er sich nämlich direkt ins Abseits befördert hätte. Ganz Gentleman, hat er noch eine hübsche Schachtel mit verschiedenen kleinen, runden englischen Seifen beigelegt. Ich bin erleichtert, und als ich Mama die englischen Sorten vorlese und übersetze, beginnt sie zu strahlen.

»Wow, toll. Die sehen aber edel aus. Und so hübsch eingepackt, also das hat wirklich Stil, muss ich sagen. Ich bin beeindruckt.«

Und ich bin beeindruckt, dass es jemand geschafft hat, meine Mutter zu beeindrucken. Umso mehr, als sie sagt: »Ich muss ihn gleich mal anrufen und mich bedanken.«

Es wird ein kurzes, aber herzliches Gespräch, dem ich neugierig lausche.

»Mit den duftenden Seifen haben Sie sehr meinen Geschmack getroffen«, flötet Mama, und nach einer kurzen Pause, in der Eckhardt wahrscheinlich nach den Marmeladen fragt, antwortet sie charmant: »Nein, an denen habe ich noch nicht gerochen, die hebe ich mir auf!«

Als sie aufgelegt hat, sagt sie zufrieden: »Er will sich morgen wieder melden und mir einen Vorschlag für eine Unternehmung machen. Na, vielleicht gestehe ich ihm bald mal, dass ich Süßes eigentlich nicht so mag. Wer weiß, was da sonst noch kommt. Übrigens, das hatte ich dir noch gar nicht erzählt, bei unserem letzten Telefonat hat er mich nach meiner Größe gefragt! Als ich sagte: ›Einen Meter 60‹, meinte er: ›Oh, das ist aber klein.‹ Aber ich habe ihm geantwortet: ›Na, das scheint nur so, und außerdem trage ich immer Absätze!‹«

Ich runzele die Stirn. »Wieso fragt er dich so etwas? Und wie groß ist er denn bitte schön?« Mich erstaunt, wie direkt dieser Eckhardt vorgeht. Was für eine merkwürdige Frage beim ersten Telefonat.

»Er meinte, er sei 1,90 Meter. So groß ist das ja nun auch nicht, oder?«

»Also wirklich, der soll mal langsam machen. Oder war er vielleicht mal zwei Meter groß? Ihr schrumpft doch mit zunehmendem Alter, und jetzt denkt er, dass er immer noch so groß ist«, feixe ich und denke laut weiter: »Aber er macht sich doch offenbar schon Gedanken, wie ihr zusammen als Paar wirkt. Oder will er dir etwas anzuziehen schicken und unauffällig deine Größe herausfinden?«

Mama ist entsetzt. »Also nee, das würde ich mir verbitten!«

Wir gucken uns an und lachen bei der Vorstellung, was für Pakete hier noch so ankommen könnten.

Ich freue mich. »Mensch, Mama, das ist ja richtig spannend plötzlich!«

Meine Mutter lächelt still und sagt leise: »Ja. Und das hätte ich wirklich nicht gedacht, dass ...«. Sie überlegt kurz und prustet dann los: »Dass da noch was geht! Oder wie du es immer nennst!«

Kapitel 11

Teestunde mit dem Annoncenkönig

Tatsächlich könnte da noch einiges gehen, wie wir bald feststellen. Zumindest von Eckhardts Seite, denn er legt sich mächtig ins Zeug. Er ruft Mama fast jeden Tag an und möchte sie demnächst zum Essen einladen. Der zweite Versuch. Ein bereits geplantes Treffen hatte er kurzfristig aus gesundheitlichen Gründen abgesagt. Mama ist nach diesem Hin und Her etwas skeptisch, und er hält sich sehr bedeckt, um welche gesundheitlichen Gründe es genau geht. Nicht nur ich denke an Liljanas Worte: »Dann haste 'n Pflegefall an der Backe!«

Vielleicht spürt Eckhardt, dass Mama vorsichtiger wird, denn ich bekomme von ihr einen Anruf, den sie diesmal mit fast schon triumphierender Stimme und den Worten einleitet: »Dingdong, die Post war da!« Kunstpause. »Eckhardt hat mir schon wieder ein Paket geschickt. Wann kannst du hier sein? Rita kommt später eh zum Kaffee, möchtest du dazustoßen?«

Uiuiui. Ich werfe meine Planungen für den Tag über den Haufen, hole meine Tochter eher von der Kita ab, und wir besuchen ihre »Nana«. Nicht Oma, nein, nein. Damit würde sie sich ja »noch älter« fühlen. Also hat meine Mutter sich selbst ganz geschickt von Anfang an als »Nana« betitelt. Inzwischen ist das englische Wort für Großmutter für uns alle total selbstverständlich geworden.

Als wir endlich unsere kleine Weltreise von Kreuzberg nach Charlottenburg absolviert haben und in den zweiten Stock hinauflaufen, höre ich es durch die angelehnte Wohnungstür bereits eine halbe Treppe tiefer schnattern. Rita ist offensichtlich schon da. Wir werden herzlich begrüßt, Mama nimmt mir wie immer ganz selbstverständlich die Jacke ab und bringt sie zur Garderobe am Ende des Flurs. Auf dem Weg zurück hat sie sich Schlappen geschnappt, damit »ihr Kind« keine kalten Füße bekommt. Der Enkeltochter hilft sie in ihre Stoppersocken, und der bereits abgekühlte Früchtetee steht auch schon für sie bereit. Ich bekomme meinen Kaffee in einer alten bauchigen Mickymaus-Tasse, die bestimmt schon 20 Jahre auf dem Buckel hat. Doch, es ist schön, ab und zu bemuttert zu werden. Die Betonung liegt auf ab und zu. Inzwischen kann ich das auch viel besser genießen beziehungsweise, wenn es mir doch mal zu viel wird, einfach ansagen, dass es mir gerade too much ist und ich sehr gut allein für mein Wohl sorgen kann. Meine Mutter versteht das sofort. »Einmal Glucke, immer Glucke«, gibt sie dann zu und zuckt entschuldigend mit den Schultern.

Im Wohnzimmer steht wieder eine Holzkiste auf dem Tisch, diesmal ist der Deckel schon halb geöffnet, und wieder sieht es nicht nach einer Flasche Wein aus. Mama zieht mit skeptischem Blick etwas Gelbes, Weiches aus der Kiste.

Rita ruft: »Ach, Gott, wo hat er denn diese Decke aufgegabelt? Lass mich mal gucken.« Und sie nimmt Mama den Stoff aus der Hand, fasst jeweils ein Ende an und zieht ihn ganz auseinander. Es sieht aus wie eine Mischung aus Decke und Handtuch. »Ach, und damit will er dich und sich einkuscheln oder wat?«, fragt Rita mit süffisantem Lächeln.

Monika antwortet mit Blick auf die beigelegte Karte:

»Nein, das ist … Also ich soll mir das über die Schultern legen, oder um den Hals, schreibt er …« Sie schlingt sich den dafür eigentlich zu großen und festen Stoff umständlich um Schultern und Hals.

Rita schmunzelt und sagt mit ironischem Unterton: »Na, das ist doch ganz toll! Da musste jetzt antworten: Und was zieh ick unten drunter?«

Sie und ich lachen, aber Mama ruft entrüstet: »Nein, also bitte! Findet ihr das nicht auch zu, na ja, anstößig? Und dann diese Farbe! Er schreibt dazu, er hätte im Internet ein Foto von mir gesehen und fand, das würde mir gut stehen.«

Jetzt schnappe ich mir das gelbe Etwas auch mal. Okay, es könnte mit gutem Willen auch als curryfarben durchgehen, und tatsächlich harmoniert es mit Mamas roten Haaren ganz gut.

Ich befühle den Stoff. »Aber Mama, was soll er dir sonst schenken? Du hast ja offenbar eine Erwartungshaltung, die er überhaupt nicht erfüllen kann. Wären klassische Sachen wie Wein und Blümchen besser? Und das ist ja schon 'ne gute, französische Baumwolle!«, füge ich mit Blick auf die Waschanleitung pragmatisch hinzu.

Mama seufzt. »Mag sein, aber es ist schon irgendwie … intim.«

»Na, will er denn intim werden?«, fragt Rita direkt.

»Nein, er will nur einen Gedanken- und Erfahrungsaustausch, hat er gesagt.«

Ich grinse meine, wie ich finde, gerade sehr unlockere Mutter an. »Aber er hat nicht gesagt, was ihr dabei anhabt!«

Mama muss lachen. »Stimmt! Er will ja auch keine Beziehung, hat er erzählt.«

»Aber es ist doch schon eine Art Beziehung, wenn ihr regelmäßig telefoniert!«, sagt Rita.

Mama nickt. »Ja, und er stellt doch auch eine her, wenn er mir so etwas schickt.«

Für Rita ist die Sache klar: »Ihr habt doch schon oft geplaudert, und er hat gezeigt, was er für 'n toller Hirsch ist, und nun will er sich doch offenbar in Positur werfen. Wer weiß, was das für 'ne Type ist. Ihr müsst euch einfach mal treffen!«

Da hat Rita absolut recht. Hier bauscht sich gerade etwas auf, was vielleicht völlig unnötig ist. Wir wissen doch, dass Männer sich oft viel weniger Gedanken bei etwas machen als Frauen, und dieses ganze Hineininterpretieren, was er nun damit meint oder was nicht, führt doch zu gar nichts.

Mama ruft auf Ritas und mein Drängen bei Eckhardt an. Sie geht, als er abgenommen hat, in den Flur, um weiterzutelefonieren, kommt nach zwei Minuten aber schon wieder zurück.

Fast triumphierend sagt sie: »Also, Magda, wir sind am kommenden Sonntag bei ihm zum Kaffee eingeladen. Er weiß, dass du meine Männersuche fürs Radio begleitest, und fand das sogar ganz spannend: ›Da kann ich ihr ja einiges erzählen. Ich mache das ja seit dem Tod meiner Frau schon eine ganze Weile mit den Annoncen‹, hat er gesagt.«

»Mensch, da haste dir ja 'n Profi angelacht, Monika!«, sagt Rita amüsiert.

Ich finde es natürlich klasse, dass ich so unkompliziert dabei sein kann. Ich bin wahnsinnig neugierig, wer sich hinter den Paketen verbirgt. Nach Massenproduktion sahen die ja nun nicht gerade aus. Er hat sich immerhin Gedanken über meine Mutter gemacht. Und er ist großzügig. Eine Eigenschaft, die Monika gut findet – großzügige Menschen sind selten kleingeistig, findet sie.

Am Sonntag ist es so weit. Witzigerweise wohnt Eckhardt keine Viertelstunde von Mama entfernt! Sie sammelt mich mit dem Auto an der U-Bahn-Station ein. Beim Einsteigen empfängt mich eine angenehme Parfumwolke. Früher wurde mir regelrecht schlecht von ihrem intensiven »Opium«, heute benutzt sie zum Glück einen Duft, den ich ihr mal geschenkt habe. Nichts Kommerzielles, sondern aus einer Berliner Manufaktur, das passt viel besser zu ihr.

Ich mustere sie unauffällig. Meine Mutter besitzt keine einzige Jeans, meistens trägt sie Stoffhosen oder eben Kleider und Röcke. Heute hat sie sich für ein dunkelgraues, locker sitzendes Strickkleid entschieden und Stiefeletten dazu angezogen. Das betont schön ihre schlanken Beine. Sogar Lippenstift trägt sie, was ein Zeichen dafür ist, dass ihr unser anstehendes Kaffeekränzchen zumindest nicht ganz egal ist.

Da wir zwei Tage nicht telefoniert haben, möchte ich auf den neusten Stand gebracht werden, bevor wir bei Eckhardt auflaufen, und tatsächlich gibt es News.

»Er hat mir doch glatt noch eine Postkarte geschickt, die kam heute Morgen erst an, und da schreibt er, dass er noch mal nachgedacht hätte, und er würde sich natürlich auf meinen Besuch, also auf unseren Besuch freuen, aber eigentlich sei er zu alt für mich!«

»Was? Na, das sind ja mal interessante Infos, mit denen er plötzlich rausrückt! In der Anzeige stand, er sei um die 70. Wie alt ist er denn in echt?« Nur gut, dass ich mitgekommen bin, wer weiß, welche Überraschungen bei ihm noch auf uns warten.

Meine Mutter wendet an einer roten Ampel ihren Kopf zu mir: »Einundachtzig.«

Uff. Jetzt steht unser Treffen unter völlig neuen Vorzeichen. Ich versuche, entspannt und neugierig auf seine Geschichte zu bleiben. Und auf seine Erklärung, warum er sich so viel jünger gemacht hat. Wir biegen in eine Straße ein. Am Eckhaus prangt in großen Lettern: »Betreutes Wohnen«. Das hätte sich ein Comedian auch nicht besser ausdenken können.

»Ah, wir sind wohl da«, versuche ich, witzig zu sein. Aber Mama reagiert gar nicht, wahrscheinlich denkt sie sich auch gerade ihren Teil.

Eine Minute später parken wir vor einem modernen, zweigeschossigen Haus. Mama klingelt, und der Summer schnarrt. Im ersten Stock erwartet uns ein hochgewachsener, sympathisch aussehender Mann in der Tür, er trägt einen gelben Pullunder über dem weißen Hemd und lacht uns an. Auf Anfang 80 hätte ich ihn tatsächlich nicht geschätzt. Plötzlich finde ich es gut, dass er noch mit der Wahrheit herausgerückt ist, das hätte er schließlich nicht machen müssen.

»Schön, Sie kennenzulernen, hereinspaziert!« Eckhardt nimmt uns nacheinander im Flur unsere Jacken ab und bittet uns ans andere Ende in sein Wohnzimmer. Es ist bis hinaus auf die Terrasse gesäumt von großen Pflanzen und Blumen. Mama drückt ihre Bewunderung aus, und die beiden reden über ihren grünen Daumen, bevor uns Eckhardt mit einer einladenden Geste auf seine Couch bittet. Auf dem Tisch stehen eine Schale mit Keksen und eine dampfende Kanne mit Tee.

»Sie haben ja mal erwähnt, dass Sie nachmittags keinen Kaffee mehr trinken, darum habe ich uns meinen Lieblingstee gekocht.«

Also, aufmerksam ist er, keine Frage, denke ich und helfe ihm beim Eingießen. Etwas schwerfällig nimmt Eckhardt in einem großen Ledersessel neben uns Platz. Er hat noch volles weißes Haar, und obwohl er zwar nicht wie 80 aussieht, so erkennt man sein Alter dann doch hier und da an den Bewegungen.

Fast schon angriffslustig schaut er mich an: »Na, dann fragen Sie mal los, junge Frau!«

Mit dieser direkten Ansprache habe ich nicht gerechnet. Um etwas Zeit zu gewinnen, puste ich ein bisschen länger als nötig in meine Teetasse, falle dann aber direkt mit der Tür ins Haus: »Warum haben Sie geschrieben, dass Sie außerhalb der Norm leben?«

»Na, ich bin da rausgesprungen, weil ich das alles nicht mehr einsehe. Ich bin ein Einzelgänger und komme gut alleine klar. Ich brauch keine Beziehung, aber ich brauche telefonische Unterhaltung, so etwas tut mir gut«, antwortet er etwas verschwurbelt.

»Aber was ist denn ›die Norm‹ für Sie?«

»Um neun frühstücken, um eins essen, 18 Uhr gibt's Abendbrot, damit man besser schlafen kann.«

Ich muss schmunzeln. »Und jetzt gibt's Abendbrot um zehn?«

»Oder dann, wenn ich es will. Ich möchte nicht mehr gebunden an etwas sein. Ich bestelle auch meine Klamotten nur noch aus Prospekten. Ich hab einfach keine Lust mehr, mich im KaDeWe anzustellen, dann diese Parkplatzsucherei vorher, und immer ist man auf andere angewiesen. Ich genieße es, dass ich jetzt nur noch nach meinen eigenen Bedürfnissen handeln kann.«

Okay, verstanden. Der Mann sucht wirklich keine Beziehung mehr. Warum dann aber die Anzeige? Und wie oft kommen hier Frauen zum Tee vorbei? Fragen über Fragen, aber da meine Mutter nichts sagt und ich den Eindruck habe, dass das kleine Interview hier Eckhardt Spaß macht, frage ich ihn weiter aus. »Sie sagten meiner Mutter, dass Sie schon länger Anzeigen aufgeben. Wie lange denn genau?«

»Seit sieben Jahren mache ich das, seit dem Tod meiner Frau.«

»Aber Sie schreiben nicht immer das Gleiche, oder?«

Er wedelt abwehrend mit dem rechten Arm. »Nein, nein. Ich gebe mir da wirklich Mühe mit den Formulierungen. Meine Anzeigen sind immer sehr gefragt. Auf die letzte, auf die auch Ihre Mutter geantwortet hat, habe ich fast 80 Zuschriften bekommen. Jetzt höre ich auch erst mal auf damit. Es möchten mich zwar viele Frauen kennenlernen, aber ich bin inzwischen leider zu alt.« Er seufzt bedauernd.

»Und deswegen sind Sie dazu übergegangen, 70 als Alter zu schreiben?«

»Ich schreibe ›um die 70‹! Das sagt alles. Das ist ja quasi bis 79!«, meint er und grinst schelmisch.

»Achtzig Zuschriften, nicht schlecht. Und haben alle so ein schönes Paket mit Marmelade bekommen?«, will ich wissen.

»Nein, natürlich nicht! Also 50 Prozent waren schon mal gar nicht interessant. Da gibt's sofort Interessenskonflikte.« Er wendet sich direkt meiner Mutter zu. »Was ich bei Ihnen gut fand, war, dass Sie mir mal nicht geschrieben haben, dass Sie gern verreisen. Das kann ich nicht mehr hören. Oder ins Theater gehen. Ich mag das nicht, das ist mir immer zu eng bei meiner Größe. Ihr Brief kam wirklich gut an bei mir«, sagt er in sachlichem Tonfall und mit leichtem Nicken.

Ich werfe Mama einen übertrieben anerkennenden Blick von der Seite zu, den er aber nicht bemerkt, weil in dem Moment sein Festnetztelefon klingelt. Kurz und bündig wimmelt er das Gespräch ab. »Können wir morgen sprechen? Ich hab gerade Besuch.«

In seiner direkten Art ist er Mama nicht unähnlich. Er hält sich auch nicht mehr mit Small Talk auf, wenn für ihn gerade keiner angebracht ist.

Wir nehmen alle einen Keks. Sogar meine Mutter. Die sind auch wirklich gut.

Ich bin aber noch lange nicht fertig mit meiner Fragerunde und möchte wissen, wie oft er Anzeigen schaltet.

Er überlegt, murmelt ein »Moment mal«, steht dann auf und geht an eine Schublade seines modern-schlichten Sideboards, das neben der Couch steht. Die Möbel sind auf jeden Fall alle jünger als er. Ob er die auch aus Prospekten ...?

Da hält mir Eckhardt plötzlich zwei dicke, mit Gummibändern verschnürte Briefbündel unter die Nase.

»Ich hab insgesamt zwölf geschaltet. Das war ...« Er guckt auf eine der abgestempelten Briefmarken. »Und zwar innerhalb von fünf Jahren. Es sind auch anfangs zwei Beziehungen draus entstanden. Joa, das war nicht ohne, wen ich alles kennengelernt habe, telefonisch oder live!« Er schmunzelt bei dieser Vorstellung.

Mir rutscht heraus: »Klingt ja wie 'n Hobby!«, aber Eckhardt scheint das auch so zu sehen.

»Ja, das könnte man fast sagen. Ich brauche einfach Kontakte. Obwohl ich ein Einzelgänger bin, aber wenn ich keine Gespräche mehr habe, ist das traurig.«

Meine Mutter, die ihn schnell analysiert hat, wirft ein: »Und so können Sie ja bestimmen, mit wem Sie Kontakt haben möchten und vor allem wann.«

Eckhardt setzt sich unbewusst etwas aufrechter hin. »Ja, genau! Ich bin ja der starke Mann. Wer schreibt, der führt.«

Es irritiert mich kurz, dass dabei kein ironischer Unterton mitschwingt.

Eckhardt plaudert jetzt ganz offen aus seinem Annoncenkästchen. »Unter anderem hab ich in einer Annonce mal geschrieben: ›Mann, der sich nicht anpreisen muss.‹ Na, das kam gut an! Da kamen auch entsprechende Briefe. Klar, da muss man schon selbstsicher sein. Aber das bin ich.«

Wäre mir fast nicht aufgefallen. Schließlich hat er bisher nicht auch nur eine Frage an uns beziehungsweise an meine Mutter gestellt. Natürlich ist das hier eine eher ungewöhnliche »Date«-Situation, aber ich ahne, dass es wahrscheinlich ohne mein Drängen nach der letzten Päckchennummer dazu gar nicht gekommen wäre. Apropos Päckchen.

Ich kann es mir nicht verkneifen: »Mensch, Ihr erstes Paket war ja ein Highlight. Damit haben Sie meine Mutter wirklich überrascht!«

Mama nickt neben mir wie ein Wackeldackel.

Da wirft er sich in die Brust, ein zufriedenes: »Hehe, ich bin immer für 'ne Überraschung gut!«, entfährt ihm, und er fügt hinzu: »Das war nicht die letzte!«

Ziemlich großspurig, denke ich und finde, dass es erst mal an Überraschungen reicht, wenn man sich erst so kurz kennt.

Dann fragt er mich: »Und haben Sie auch das Tuch gesehen? Schön, oder?«

Ich sage so wertfrei wie möglich: »Ja, daran musste ich auch denken, als ich Ihren gelben Pulli gesehen habe.«

»Ich dachte, Gelb zu Ihrem vielen Schwarz, das steht Ihnen bestimmt gut, Monika.«

Mama lächelt etwas gequält und gibt ein gedehntes »Neeee« von sich, und: »Nicht wirklich.«

Es entsteht eine unangenehme Pause. Weil ich meine Mutter in diese Situation gebracht habe, fühle ich mich in die Rolle der Moderatorin gedrängt. Hoffentlich nicht bald in die der Mediatorin! »Also Gelb ist wirklich nicht so Mamas Farbe«, sage ich entschuldigend zu Eckhardt.

»Na, da kann ich ja nix für!« Er lacht künstlich.

Mama sagt bemüht sanft: »Ich fand es auch etwas intim, um ehrlich zu sein. Warum genau haben Sie mir überhaupt ein Badetuch geschickt?«

Wir schauen ihn beide erwartungsvoll an.

Eckhardt sagt leichthin: »Ach, ich hatte einfach mal drei davon bestellt und hab mir gedacht, die schenke ich mal jemandem, den ich interessant finde. Und außerdem ist das kein Badehandtuch! Das ist eine Tunika!«

Wusste ich es doch: Es sollte gar nichts Intimes sein, er hatte sich tatsächlich relativ wenig dabei gedacht, wollte Mama einfach eine Freude machen, und es ist weder eine Decke noch ein Handtuch. Wobei ich Tuniken nur mit Ärmeln kenne, aber wer weiß, er als Mann von Welt ...

Prompt ertappe ich mich dabei, dass ich nicke. »Ach, eine Tunika! Siehste, Mama, alle Aufregung umsonst! Na, bloß gut, dass wir mal drüber gesprochen haben«, sage ich erleichtert.

Aber Mama murmelt leise neben mir: »Aber es ist doch so 'ne Art Frottee ...«

Fast eine Stunde ist um, die Stimmung ist im Eimer. Lägen da nicht mehrere Dutzend Briefe auf dem Tisch, bei deren Anblick mein neugieriges Journalistinnenherz höherschlägt, hätte ich jetzt dem Drang nachgegeben, meiner Mutter unauffällig mit zwei Fingern unser »Lass uns gehen«-Zeichen anzudeuten. Aber irgendwie habe ich das Gefühl, dass Eckhardt noch ein paar spannende Geschichten auf Lager hat. Ich zumindest bin eine dankbare Abnehmerin für seine Anekdoten, spüre aber deutlich, dass ich den Bogen mit meiner Fragerei nicht überspannen sollte – mit Mama an meiner Seite. Bei zu viel Selbstbeweihräucherung, egal, von wem sie kommt, schaltet sie schnell ab. Der Grat ist also schmal. So wie Mamas Mund inzwischen.

Ich wage trotzdem noch einen Vorstoß. »Sie sagten, Sie wollen jetzt aufhören mit den Anzeigen. Warum?«

»Ich hab mir aus den 80 Zuschriften jetzt drei oder vier herausgesucht, und das reicht mir. Mit den Frauen telefoniere ich, tausche mich aus oder versuche, sie mal einzuladen. Das reicht mir jetzt. Man wird ja ruhiger.« Er lacht kurz auf und fragt Mama: »Haben Sie sich denn mal mit jemandem getroffen?«

»Joa. Aber, das war nix.«

»Der Funke ist nicht übergesprungen?«

»Nee, so gar nicht.« Mama lacht bei dem Gedanken an unseren Besuch in der Galerie.

Eckhardt nickt wissend. »Ja, das Level muss schon gleich sein, sonst hat das keinen Sinn. Wissen Sie, bei manchen fängt das gut an, die schreiben mir vier oder fünf Mal, aber dann sind sie irgendwann zu faul, persönlich hinterher den Computerbrief zu unterschreiben, und kopieren ihre Unterschrift da rein. Also nicht mit mir, finde ich unmöglich so was!«

»Ja, das geht gar nicht«, bestätigt Monika.

Das fände Mama auch stillos, keine Frage.

Angespornt durch unsere Bestätigung, fährt Eckhardt fort:

»Oder manche schreiben, sie seien ›Bach-Liebhaberin‹, und wenn ich dann am Telefon nachfrage – die haben ja nun Pech, dass ich musikalisch ganz gut drauf bin –, dann kommt heraus, dass sie nicht mal wissen, dass Bach sieben Klavierkonzerte komponiert hat!«

Mama lacht. »Das ist dann natürlich doof!«

»Ja, zum Glück habe ich das gleich am Telefon geklärt und ...« Er schnalzt mit der Zunge und macht eine wegwerfende Handbewegung dazu.

Mama schiebt ein: »Ja, gut, aber das ist doch wie mit dem Alter. Jeder versucht natürlich, sich erst mal aufzuwerten.«

Eckhardt wiegt den Kopf hin und her und brummelt etwas.

Ich schalte mich ein und frage: »Ist Ihnen aufgefallen, dass Frauen ebenso beim Alter mogeln wie Männer?«

»Nein, das haben die nie gemacht. Und ich hab ja auch nicht gemogelt!«

Ich grinse ihn an. »Okay, sagen wir, Sie waren ›ungenau‹.« Ich schiele auf die Briefe auf dem Tisch, jetzt oder nie: »Was ist denn typisch, was Frauen Ihnen so schreiben?«

Eckhardt reicht mir ohne Umschweife den ersten Stapel Briefe. »Hier, schauen Sie ruhig mal rein!«, fordert er mich auf.

Ich ziehe ein handbeschriebenes Blatt aus einem blauen Umschlag und lese laut vor: »Lieber ...? Deine Anzeige hat mich neugierig gemacht ...«

Weiter komme ich nicht, denn Eckhardt wirft sofort ein: »Also, wenn jemand mich gleich duzt, das finde ich nicht gut! Das finde ich nicht in Ordnung. Ich duze niemanden, den ich nicht kenne.«

Ich greife mir einen anderen Brief heraus. Mühsam versuche ich, die krakelige Schrift zu entziffern. »Was steht da? ›Lieber Suchender, ich bin eine 70-jährige herzliche, ehrliche Frau‹ ...«

Wieder bremst mich Eckhardt sofort aus: »Wenn jemand

schon ›ehrlich‹ schreibt! Das stößt mich sofort ab, das ist doch wohl selbstverständlich, dass ich ehrlich bin! Wirklich, das stößt mich ab.«

»Das sollte doch wohl Grundvoraussetzung sein«, lacht Mama. Jetzt beginnt ihr die Sache doch noch richtig Spaß zu machen.

Ich überfliege eine belanglose Postkarte mit kitschigem Katzenmotiv. Oh, Gott, wenn die Frauen wüssten, was wir hier gerade machen! Dann entdecke ich einen Umschlag mit einer richtigen Schönschrift, gut leserliche, rundliche Buchstaben. Ich lese:

Ihre Anzeige hat mich angesprochen – vielleicht, weil auch ich in keine Norm passe, mich aber doch im Rahmen des Lebens bewege. Ich bin schlank, an Natur, Spiritualität und klassischer Musik interessiert. Rufen Sie mich gern an, womöglich könnte ich Ihr Pendant sein.

Meine Mutter ruft erstaunt: »Mensch, das hab ich ja auch so ähnlich geschrieben!«

Eckhardt antwortet: »Die habe ich auch angerufen. Aber sie geht abends überhaupt nicht mehr raus, und sie will alles mit mir tagelang vorher absprechen und erst ein Bild haben von mir und einen Lebenslauf. Die hab ich gleich, pfft ...« Er macht wieder die wegwerfende Handbewegung. »Obwohl sie so gut geschrieben hat, das klang wirklich gut, aber fast wäre ich drauf reingefallen!« Er lacht. Beugt sich dann verschwörerisch näher zu uns und sagt: »Das meiste sind Lehrerinnen. Und die meinen dann, sie müssten mich noch belehren. Die leben alle in kaputten Beziehungen, die Männer sind nicht immer gestorben, die sind alle geschieden!« Er nickt wissend.

Ich muss schmunzeln. »Lehrerinnen? Soso. Und welche? Was hat Ihre persönliche Studie da ergeben?«

»Am häufigsten unterrichten sie Deutsch und Kunst, Englisch war auch mal dabei. Oh, was ist das für ein Brief, den Sie da jetzt gerade haben?«

Ich wende ein loses Blatt mit Computerschrift in den Händen und komme nicht weiter als »Lieber Inserent ...«

»Ach ja, die war das! Also wissen Sie, wenn jemand schon schreibt: ›Ich stimme da mit Gerhard Schröder überein‹ – das stößt mich ab! Sie hat gut geschrieben, aber das hat mich abgestoßen!«

Mama und ich brechen in schallendes Gelächter aus.

Ich suche die Schröder-Passage im Brief. »Ah, hier: ›Auch ich sehe mich als Menschen, der in vielerlei Hinsicht in keine Norm zu passen scheint. Ich stimme so mit Gerhard Schröder überein, der vom Mainstream behauptet, dieser habe ihn nie besonders interessiert.‹«

»Pah, ausgerechnet der!«, sagt Mama.

»Ja, das war leider abtörnend!« Eckhardt schnappt sich einen Keks.

Irgendwie bin ich beruhigt. Ich dachte ja schon, Mama sei kompliziert, aber es ist wahrscheinlich wirklich so, dass viele im Alter einfach kompromissloser werden. Aus guten Gründen, denn sie wissen genau, dass sie die begrenzte Zeit, die sie noch haben, nicht mit halbherzigen Verabredungen vergeuden wollen.

Nach diesem überraschend unterhaltsamen Abschluss, bei dem sich doch noch eine Übereinstimmung zwischen Eckhardt und meiner Mutter herausgestellt hat, nämlich ihrer beider Kompromisslosigkeit, brechen wir auf.

Eckhardt hilft uns nacheinander in unsere Jacken und sagt dann zu Mama: »Wenn Sie wollen, würde ich unser

Gespräch gern vertiefen und Sie mal zum Essen einladen. Oder falls ich so schnell doch nicht fit werde, dürfen Sie gern noch einmal auf einen Tee vorbeikommen. Jetzt kennen Sie mich ja. Ich bin jenseits von Gut und Böse«, zwinkert er.

Und ich bestätige amüsiert: »Es geht keine Gefahr von ihm aus, Mama.«

Humor hat er, denn er lacht kurz auf. »Nicht mehr! Was machen Sie denn eigentlich noch so, um Männer kennenzulernen?«

Wir erzählen, dass wir schon im Café Keese waren, was ihn sofort zur nächsten Anekdote bringt.

»Keese? Da war ich früher auch immer und hab einmal sogar Hausverbot bekommen! Das war noch in Hamburg. Da kamen ja auch immer leichte Damen hin, und ich wollte nicht mit einer tanzen und hab zu der gesagt: ›In meinem Holzbein sind die Termiten.‹ Aber man musste ja mit denen tanzen, wenn man an einem Tisch saß. Ein Korb war unmöglich. Außer man saß an der Bar! Da kam der Herr Keese gleich zu mir, den kannte ich persönlich, und hat zu mir gesagt: ›Jetzt muss ich Sie für heute exmittieren. Morgen dürfen Sie wiederkommen.‹«

Was für »'ne Type«, um es mit Rita zu sagen. Als wir schon im Hausflur stehen, ruft Eckhardt uns hinterher: »Moment! Ich hab ja noch was für Sie!« Tatsächlich, er ist wirklich immer für eine Überraschung gut, denn er drückt uns jeweils noch eine große Papiertüte in die Hand.

»Oh, danke schön!«, rufen wir synchron und verabschieden uns noch einmal.

Bis zum Auto sagen wir kein Wort. Zum Glück steht es um die Ecke und nicht direkt vor seinem Haus. Als wir drinsitzen, zündet meine Mutter nicht sofort den Motor, sondern schaut, wie ich auch, erst mal in die Tüte. Wir haben beide einen großen Panettone drin, so einen italienischen Kuchen. Wieder wollte er uns einfach so eine Freude machen. Ich finde das rührend.

»Das war doch nett, oder, Mama?«

»Ja, klar, angenehmer Gesprächspartner ...« Mama parkt aus und fährt los.

Ich versuche, Eckhardt vorsichtshalber noch ein bisschen anzupreisen, bevor sich Mamas Meinung über ihn verfestigt. »Ihr seid auf einem Niveau. Und er ist groß und hat noch volle Haare!«

»Schon, aber ich glaube, er sitzt am liebsten ... Ich bin doch noch so mobil. Also wäre das ein Mann, der noch eine Beziehung sucht, fänd ich ihn nicht so attraktiv, aber da er das eh schon ausschließt ...« Sie hängt ihren Gedanken nach, und ich sage in die Pause hinein: »Na, jedenfalls bin ich froh, dass wir das mit dem unsäglichen Handtuch aufklären konnten!«

Meine Mutter ist noch nicht hundertprozentig überzeugt, dass er ihr tatsächlich eine Tunika geschenkt haben will.

»Ich benutze das jetzt immer in der Sauna zum Drunterlegen, dafür ist es ideal.«

Kapitel 12

Deep Talk

Eckhardt und meine Mutter telefonieren zwar noch zwei Mal, aber Mama sucht ja niemanden, bei dem sie zum Tee auf der Couch sitzen kann, sondern jemanden, der in der Lage ist, noch Unternehmungen mit ihr zu starten. Und abgesehen davon, dass Eckhardt gesundheitlich angeschlagen ist, betonte er auch eigens, dass er nicht mehr reisen möchte, weil er ja die halbe Welt schon kenne. Als meine Mutter ihm beim letzten Telefonat erzählte, dass ihr durch das Leben in der DDR viele wertvolle Jahre geraubt wurden, die sie gerne fürs Reisen genutzt hätte, fiel bei ihm scherzweise das Wort »Zonendödel«. Da war der Ofen ganz aus. Er bezog sich gar nicht direkt auf meine Mutter, aber sie fand es sehr befremdlich und wenig einfühlsam. Den Nachmittag bei unserem »Annoncenkönig« möchte ich trotzdem nicht missen. Aber nach wem sucht meine Mutter überhaupt?

Ich erinnere mich an ein Gespräch, das wir ziemlich zu Beginn des Podcasts geführt haben. Es war das erste Mal, dass ich meiner Mutter möglichst objektiv Fragen gestellt habe, die ich in dieser Lage auch einer anderen Frau so gestellt hätte. Wir saßen in ihrem Wohnzimmer auf der Couch nebeneinander, und Mama erzählte langsam und bedächtig, wie ein Mann sein müsste, damit er für sie infrage käme. Ich habe das hinterher aufgeschrieben:

    Er müsste ein toleranter Mann sein, Humor ha-
    ben, natürlich muss er auch klug sein, denn

ich bin ja selbst so eine Schnelldenkerin.
Und wichtig ist, dass er genauso neugierig
ist wie ich. Das Aussehen ist dabei zweitrangig. Er sollte Charisma haben, eine angenehme
Aura. Denn, wenn ein Mensch neugierig und
wach ist, ist er ja trotzdem schön, auch wenn
er vielleicht nicht gesegnet ist. Aber er hat
etwas Lebendiges. Dann kann er meinetwegen
auch aussehen wie 'ne zerknautschte Kartof-
fel. Einzig, er dürfte nicht zu dick sein.
Ein Fass an meiner Seite kann ich mir dann
doch nicht vorstellen. Natürlich betrachte
ich mich selbst auch manchmal im Spiegel und
denke: »Mmmh, na du warst auch schon mal
schöner.« Aber ich kann es nicht ändern. Ich
arbeite aber daran und treibe Sport und
ernähre mich gesund. Natürlich gefällt der
Verfall des eigenen Körpers niemandem. Das
kann mir wirklich keiner erzählen. Aber so
ist es nun mal, und solange es mir nicht
überall wehtut, ist doch alles gut. Ich finde
auch Schönheitsoperationen total unnötig.
Natürlich habe ich mal viel zu viel geraucht,
zu wenig geschlafen oder unbedarft in der
Sonne gebrutzelt, das sieht man mir nun an,
aber das bin eben ich.
Worum ich Männer allerdings wirklich beneide, ist ihr gutes Bindegewebe.

Als sie das sagte, mussten wir lachen. Aber auch jetzt noch
stimme ich ihr absolut zu – bei dem Thema Bindegewebe.
Mein Gott, was habe ich mich als Teenager bereits über

meine kleinen Dellen am Oberschenkel (damals ja noch fälschlicherweise immer als Cellulitis betitelt) geärgert. Fast noch mehr als über die Pickel. Und heute? Klar, sieht immer noch nicht schön aus – so what? Es gibt definitiv Wichtigeres. Eine positive Nebenerscheinung des Älterwerdens, stelle ich zufrieden fest.

»Mama, angenommen du triffst jetzt wirklich jemanden, der dich interessiert, worauf freust du dich dann am meisten?«, knüpfe ich ein paar Tage später an unser vorheriges Interview an. Wir sitzen in Mamas Garten auf der kleinen Hollywoodschaukel, halten jede eine Tasse Milchkaffee in der Hand und lassen unsere Vitamin-D-Speicher von den ersten, noch zaghaft warmen Sonnenstrahlen auffüllen. Ein wirklich gutes Gefühl.

»Oh. Darüber habe ich noch gar nicht nachgedacht«, sagt Mama überrascht und schaut in den Himmel. »Ich glaube darauf, Dinge gemeinsam zu unternehmen, aber ohne aneinander zu kleben. Das würde mir gefallen. Und da ist es auch egal, was wir machen. Gemeinsam lesen oder einfach rausfahren ins Blaue, wichtig ist: gemeinsam. Männer ticken ja auch ganz anders, als wenn ich mich immer nur mit Freundinnen austausche.« Mama nimmt einen Schluck aus ihrer Tasse, stellt sie auf dem Rasen ab und steht auf, um ihren Rosenstrauch von drei braunen Blättern zu befreien. Dann setzt sie sich wieder neben mich.

Ich stoße mich mit den Füßen am Boden ab und versetze der Schaukel einen leichten Schwung.

»Klar ist es manchmal schon blöd für mich, wenn ich mit Otto und Sybille wegfahre und dann immer nebenherlaufe wie das dritte Rad am Wagen. Es macht mir nichts aus, und ich finde es nicht schlimm, aber ich stelle es mir schön vor, wenn dann auch jemand an meiner Seite wäre. Und ich weiß, dass das schön ist, ich erinnere mich sehr gut an das Gefühl.«

Mama pflegt natürlich auch männliche Freundschaften. Besonders mit Volker, den sie gerade für ihren geistigen Austausch sehr schätzt. Aber er wohnt eben Hunderte Kilometer weit weg.

»Ich brauche einfach Anregungen, damit ich nicht so in meinem eigenen Saft schmore oder besser gesagt: in meinem weiblichen Kosmos schwirre. Es muss auch mal jemand von außen sagen: ›Pass mal auf, meine Liebe, das ist ja wohl 'n bisschen bescheuert, was du gerade machst.‹ Eine Auseinandersetzung würde mir guttun, damit man nicht so selbstherrlich wird im Alter. Du weißt es ja am besten, ich war immer so selbstbestimmt, und da wird man ja vielleicht auch mal selbstherrlich im Alter.«

Sie stoppt die Schaukel und schaut mich intensiv an. »Das musst du mir übrigens unbedingt sagen, wenn das passiert.« Sie hebt in gespieltem Ernst ihren Zeigefinger, um ihre Aussage zu unterstreichen.

»Auf jeden Fall, diesen Part übernehme ich gern, Mama!« Ich muss lachen, um dann ernster und tatsächlich auch seltsam gehemmt zu fragen: »Fühlst du dich manchmal einsam?«

Als würden wir immer über solche Sachen reden, antwortet meine Mutter, ohne nachzudenken: »Nein. Aber natürlich gibt es solche Momente, wo du kurz denkst: ›Ach, was machste 'n jetzt eigentlich so mit dir?‹ Aber das hält nicht an, weil ich ja immer zu tun habe in meinem Kopf. Wenn ich auf etwas warte, rufe ich mir Texte ins Gedächtnis oder beobachte Dinge intensiv. Ich kann sagen: Nein, einsam fühle ich mich nicht.«

»Und ...«, ich setze unbewusst einen professionell gleich-gültigen Tonfall auf, »und vermisst du es manchmal, ange-fasst zu werden?«

»Na klar! Ich bin ja selbst so touchy. Das wäre schon schön und gehört ja dazu«, sagt Mama, und ich bewundere, wie selbstverständlich ihr das über die Lippen kommt.

»Könntest du das denn auch nach so langer Zeit noch zu-lassen?«

»Tja, ich weiß es gar nicht. Das wäre bestimmt schon komisch. Wie das erste Mal vielleicht.« Mama lacht leise. »Ich kann mir denken, dass es wahrscheinlich nicht so leicht für mich wird, mich mit Haut und Haaren noch mal so richtig auf jemanden einzulassen. Da weiß ich gar nicht, wie kompliziert ich inzwischen bin ...«, sie guckt mich an und zuckt mit der Schulter.

Ich versuche, mich in einen Mann ihres Alters zu verset-zen. »Meinst du nicht, dass Männer da ähnlich kompliziert sein könnten? Es wäre doch für euch beide eine seltsame Situation, oder sagen wir mal eine ›ungewohnte‹.«

»Ja, wahrscheinlich hast du recht, ich möchte mir da auch eigentlich vorher gar nicht schon so den Kopf zerbre-chen. Außerdem weißt du ja, eine meiner Maximen war im-mer: ›Wenn ich was mache, mache ich es richtig. Und, wenn's wehtut, weiß ich, dass ich noch lebe. Wenn ich das verliere, auch heute noch, dann glaube ich, bin ich tot. Ich habe ja immer ohne Netz und doppelten Boden gelebt. Und dadurch, dass ich Dinge sehr intensiv wahrnehme – natür-lich sterbe ich auch immer fast, wenn ich leide –, aber auch in der Lage bin, zum Himmel zu fliegen, wenn ich froh bin, habe ich nicht das Gefühl, etwas versäumt zu haben.«

Aha. Hier liegt also der Hund begraben. Das ist der Grund, warum ich auf die Verkupplungsidee gekommen bin und nicht meine Mutter. Trotz ihrer verborgenen Sehnsüchte ist sie zufrieden mit ihrem Leben, und bevor sie auch nur irgendeinen kleinen Kompromiss eingeht, bleibt sie lieber mit sich allein. Der Typ, der ihr das Wasser reichen könnte, muss auf jeden Fall ähnlich ticken. Aber wo tickt er in seinem Leben? Wo könnten wir ihn aufspüren?

Warum ich fast ein Jahr an meiner Männersuche mit Mama festgehalten habe, obwohl sie doch ganz zufrieden in ihrer Silver-Ager-Single-Position wirkt? Ganz einfach: Es hat zum einen ganz pragmatische und eher unromantische Gründe. Da ich Mamas einziges Kind bin, mache ich mir natürlich Gedanken, wie sie in zehn Jahren, wenn sie unter Umständen nicht mehr ganz so fit ist, ihr Leben wuppt. Was, wenn sie nachts stürzt, und keiner merkt es? Weil niemand da ist? Schaffe ich es (fast) allein, mich immer angemessen um sie zu kümmern? Solche Gedanken beschäftigen sicher viele Kinder von Eltern im Seniorenalter irgendwann. Es ist also nicht ganz uneigennützig, was ich da mache, es würde mich schlicht beruhigen, wenn ich einen Partner an Mamas Seite wüsste. Zum anderen aber, und das ist der Teil, der mich mehr bei der Suche antreibt, denke ich: Mama ist doch für jeden eine Bereicherung, der sie einmal geknackt hat: Sie ist witzig, klug, liebevoll, eloquent und auch modern. Sie weiß immer Bescheid, was in der Welt los ist, und interessiert sich für neue Strömungen und Trends. Was sie ihrer Enkeltochter nicht schon alles über eBay gekauft hat! Natürlich fand ich es erst mal befremdlich, von ihr auf Facebook eine Freundschaftsanfrage zu bekommen (übrigens auch von Peter), aber hey – warum nicht? Gleiches Recht für alle. Nur Instagram und Twitter hat sie ausgelassen. Kurzum, trotz ihrer Eigenheiten, wie eben besagter Kompromisslosigkeit oder ihrer manchmal spröden und direkten Art, halte ich sie für eine großartige Frau.

Auch auf meine Cousine Karo halte ich große Stücke. Sie folgt mir neuerdings bei Instagram, postet aber selbst kaum etwas. Finde ich eigentlich blöd, aber vielleicht braucht sie noch Zeit, um sich auf diesem Social-Media-Kanal einzugrooven. Ich vergesse immer, dass sie schon über 50 ist, für mich bleibt sie immer 30. Vor acht Monaten hat sich die zweifache Mama dazu entschlossen, ihre Haare nicht mehr zu färben, sondern ihr Braun erst in Blond umzuwandeln und nun nach und nach in ihr natürliches Grau übergehen zu lassen. Es steht ihr hervorragend und sieht gar nicht »alt« aus. Sie ernte viel mehr Blicke als vorher, sagt sie. Karo ist wahnsinnig kreativ und bastelt die tollsten Sachen, worum ich sie wirklich beneide. Bei mir sieht immer alles aus, als hätte ein Kleinkind seine ersten Versuche mit der Schere gewagt. Karo sorgt regelmäßig in Berliner Clubs bei speziellen Events für die passende Deko und ist immer noch ziemlich umtriebig. Sie ist eine leidenschaftliche Nachteule, und was sie schon an Dates und Beziehungsversuchen nach der Trennung vom Vater ihrer Söhne hinter sich hat, würde ein zweites Buch füllen. Seit ein paar Monaten ist sie wieder Single und überhaupt nicht unglücklich darüber. Als sie mich zum Haareschneiden besuchen kommt, sie ist gelernte Friseurin, bringt sie mich in meinem Badezimmer auf den neusten Stand.

»Ich hab wieder mal Schluss gemacht. Es passte einfach nicht. Am Anfang geben sich alle ja immer noch große Mühe, aber in dem einen Jahr sind bei Achim Seiten zutage gekommen – nee. Das will ich nicht mehr! Ich glaube langsam, meine Ansprüche sind zu hoch.« Karo seufzt und setzt ihre Schere an.

»Du sagst das so, als wäre das etwas Negatives – hohe Ansprüche haben! Das ist so ein typisches Frauending, die Schuld allein bei sich zu suchen!« Das mit den Ansprüchen habe ich nämlich auch von meinen Freundinnen oft gehört, und das bringt mich auf die Palme. »Weißt du, ich glaube nicht, dass viele Männer nach dem Ende einer Beziehung an sich und ihren Beziehungsfähigkeiten zweifeln. Die denken eher: ›Wieso? Ich bin doch ein super Typ! Selbst schuld, die soll mal ihre Hormone in den Griff kriegen!‹ Also behalte bitte deine hohen Ansprüche, Karo!«

»Ja, das mache ich eh. Bin ja auch schon viel gelassener geworden, was das Thema Männer angeht. Wenn jemand kommt, der passt, dann ist es wunderbar, aber wenn nicht, ist das auch okay.« Sie setzt die Schere ab und gestikuliert damit in der Luft, dass ich innerlich leicht in Deckung gehe. »Ich bin ja auch alleine glücklich, ich brauche ja niemanden, der mein Leben schöner macht oder so. Ich genieße es, frei zu sein und zu machen, was ich will. Ich bin so oft bei meinen Freunden eingeladen und abends weg, das passt auch nicht allen, und so muss ich niemanden fragen, ob es okay ist, und kann tun und lassen, was ich möchte. Das würde ich nicht für eine halbherzige Beziehung aufgeben wollen!« Karo rollt auf dem Hocker zu meiner linken Seite herum und schneidet weiter.

»Was sind denn bei dir No-Gos? Also Eigenschaften, bei denen du schnell das Weite suchst?« Ein bisschen mehr möchte ich schon von ihr wissen. Wir sehen uns offenbar viel zu selten und sprechen kaum über solche Themen, denn sonst würde ich die Antwort wohl kennen.

»Er darf kein Pfennigfuchser sein, nicht geizig. Oder, wie

jetzt bei meinem Letzten, der war pedantisch und hatte einen echten Putzfimmel. Klar, ich mag es auch sauber, aber das war schon extrem. Und das Besteck musste haargenau zwei Zentimeter vom Teller weg liegen, also das macht mich auf Dauer fertig. Darüber kann ich auch nicht mehr hinwegsehen. Na ja, und fremdgehen oder auch einfach noch anderen Frauen hinterhergucken und mir das Gefühl geben, er ist an meiner Seite immer noch auf der Suche, das geht natürlich auch nicht! Und meine eigene Macke mit der Unpünktlichkeit werde ich wohl auch nicht mehr ablegen, da muss mein Partner einfach tolerant sein, wenn er mit mir zusammen sein möchte.«

Ich schließe die Augen, als sich Karo nun ganz dicht vor meinem Gesicht an meinen Pony macht. Als die feinen Härchen über meine Nase und Wangen rutschen, presse ich lieber den Mund zusammen, denke aber über das Thema Unpünktlichkeit nach. Auch so ein Ding von mir. Einfach verzetteln, und dann wird es stressig. Ich würde sehr gern zu den Menschen gehören, die immer rechtzeitig losgehen und auch, wenn mal eine Bahn ausfällt, noch pünktlich sind. Alternativ arbeite ich immerhin daran, das Stressgefühl loszuwerden, das sich unweigerlich in mir beim Zuspätkommen breitmacht.

Als Karo mein Gesicht mit einem dicken, breiten Pinsel von meinen Ponyflusen befreit hat, wechsle ich deshalb vielleicht unbewusst das Thema und komme auf meine Mama zu sprechen: »Monika will ja auch keine Kompromisse mehr machen. Je älter man wird, desto klarere Vorstellungen hat man, was man möchte und vor allem, was nicht. Oder?«

Karo stimmt mir zu. »In unserem Alter ändert man ja auch niemanden mehr, und wenn es eben nicht passt, trenne ich mich lieber. Klar strebt man danach, nicht alleine alt zu werden, das ist ja nur menschlich, gerade, wo die Kinder aus dem Haus sind. Aber, wenn jetzt keiner kommt, dann bleibe ich lieber Single, als den Falschen neben mir zu haben.« Sie betrachtet prüfend ihre Arbeit an mir und schneidet mit schnellen Bewegungen noch hier und da einige Strähnen gerade. Dann gestikuliert sie wieder gefährlich mit der Schere. »Inzwischen empfinde ich das auch nicht mehr als Manko. In meinem Bekanntenkreis sehe ich, was manche da an Kompromissen eingehen, das würde ich nicht machen wollen. Wenn jemand ohne seinen Partner zu einer Party kommt und du merkst, wie der da aufblüht, weil er mal alleine unterwegs ist, das kann es doch nicht sein! Auch, wenn es finanziell angenehmer und leichter ist oder man eine Trennung den Teenie-Kindern nicht zumuten möchte. Kinder merken doch eh, wenn sich die Eltern nichts mehr zu sagen haben. Also ich jedenfalls möchte keine faulen Kompromisse mehr eingehen. Punkt.«

Fertig. Meine Frisur sitzt, wie Karos Schlusspunkt. Ich lasse mir von ihr noch ein paar Berliner Singleportale im Netz nennen und recherchiere den Rest des Tages dort nach speziellen Angeboten für Mamas Generation.

Als ich meinen gedankenschweren, aber frisch frisierten Kopf am späten Nachmittag auslüften gehe und den Landwehrkanal entlangspaziere, lese ich zum ersten Mal, was auf den türkisen Aufklebern steht, die neuerdings in meinem Kiez an Laternen und Stromkästen kleben: Es ist Werbung für eine neue Webseite, die die Berliner Senior*innen besser vernetzen möchte. Bingo.

Kapitel 13

Zielgruppe »Senior«

Mehr als 10 Millionen Deutsche, die über 70 sind, bleiben bei der Digitalisierung außen vor – sie haben noch nie das Internet genutzt! Und die Förderprogramme der Bundesregierung in Sachen ›digitaler Bildung‹ sehen diese Zielgruppe einfach nicht vor. Ältere Menschen werden also immer weiter abgehängt im digitalen Zeitalter, wie die »Stiftung Digitale Chancen« im letzten Jahr zutage förderte. Die Stiftung erforscht seit 2002 die gesellschaftlichen Folgen der Digitalisierung und setzt sich für den chancengleichen Zugang aller Menschen zum Internet ein. Auf der Basis eigener Studien und Projekterfahrungen unter Hinzuziehung statistischer Erhebungen (Befragung von 300 Senior*innen) zur Nutzung digitaler Medien wurde ein »Masterplan Digitalisierung und Demographischer Wandel 2018–2021« für die kommenden vier Jahre erarbeitet. So weit, so sperrig, aber was dahintersteckt, macht Sinn.

Die Stiftung sieht unter anderem vor, Tablet-Ausleihstationen in Begegnungsstätten und Pflegeheimen einzurichten und Kurse zur einfachen Internetnutzung anzubieten. Gerade in ländlichen Regionen könnten sich ältere Menschen auch von zu Hause aus viel besser vernetzen oder über E-Health-Programme und Telemedizin aufwendige Arztbesuche auf das Nötigste beschränken.

Senior*innen als neue Zielgruppe, das dachten sich auch Berliner Start-up-Gründerinnen beim Aufbau ihrer Webseite, über deren Aufkleber ich da gestolpert bin. Prompt trete ich an sie heran, um mich da schlauzumachen für den Podcast.

»Demografischer Wandel war für mich immer ein Trend aus der FAZ. Aber dann habe ich sehr schnell gemerkt, dass Senioren einen enormen Bedarf an sozialen Kontakten haben. Das ist mir aufgefallen, als ich selbst mit meinen Babys immer stundenlang hier im Kiez spazieren gegangen bin. Nicht selten sind welche einfach mit uns mitgelaufen oder haben sich zu unserem Picknick gesetzt. Ständig haben mich Senioren angesprochen«, sagt Geschäftsführerin Alexandra Pabst.

Ich stelle mir die älteren Damen vor, die sich über den Kinderwagen beugen und zwei Oktaven zu hoch »Duzziduzzi« rufen. Ich muss lächeln.

»Überall wurden wir angesprochen! Ich wusste gar nicht, dass es so viele alte Menschen gibt.« Die 41-jährige Geschäftsfrau kann heute darüber lachen. »Auf unserer Plattform wollen wir sie über geplante Aktivitäten zusammenbringen: Radtouren, Kochabende, Stammtische, wo sich alle in lockerer Atmosphäre beschnuppern können. Und wichtig ist auch, dass sie sich vorher nicht groß registrieren müssen. Es gibt eine unheimliche Hemmung bei Älteren, ihre Daten ins Netz zu geben. In zehn Jahren sieht das sicher ganz anders aus, aber die Generation, die gerade das Internet neu für sich entdeckt, ist noch sehr skeptisch.«

Stammtische und Kochkurse, ich finde, das klingt vielversprechend. Mama wäre bestimmt dabei. Auch unserer Erfahrung nach sind eben meistens die Frauen die Aktiven. »Ist denn das Verhältnis bei Ihnen ausgewogen?«

»Nein, wir haben viel mehr Frauen. Wir versuchen natürlich immer, die Männer zu motivieren. Das gelingt uns auf den Fahrradtouren gut. Schwimmen wiederum funktioniert interessanterweise gar nicht für Frauen, weil sie sich nicht attraktiv genug dafür fühlen. Ich finde ja: Hey, ich will schwimmen gehen, da denke ich doch nicht an meine Speckröllchen, aber in dieser Generation hören wir oft: ›Ach, bitte nicht, meine faltige Haut zeige ich lieber nicht mehr herum.‹ Bei Theater- und Kino-Abenden ist es ausgewogen, bei aktiven Sachen wie Stammtischen, Kochkursen oder Picknicks sind es viel mehr Frauen. Das ist leider so. Männer haben eine ganz andere Form von Aktivitätsradius. Bei unserem Stammtisch, das machen wir monatlich beim Italiener, siehst du, dass die Männer zurückhaltend dasitzen und einfach ihre Pizza essen. Die Frauen quatschen ohne Ende, tauschen Rezepte aus und verabreden sich. Männer sind da eher konsumierend. Obwohl sie sich natürlich auch freuen, aktive Frauen kennenzulernen. Aber die Hemmschwelle ist größer, rauszugehen, das merken wir auch.«

Ich muss ans Café Keese denken, daran, dass dort durchaus Männer waren. Aber letztlich ist Tanzen ja eine Aktivität wie Fahrradfahren und daher wohl auch für Männer attraktiv.

Alexandra Pabst führt ihre Beobachtungen weiter aus: »Viele Männer dieser Generation haben sich daran gewöhnt, dass die Frauen die gesellschaftlichen Verpflichtungen und Aktivitäten geleitet und gemacht haben. Das beobachten wir sehr stark. Die Frauen übernehmen das Zepter in dieser ganzen gesellschaftlichen Connection. Deswegen muss man eigentlich versuchen, in der Generation danach die Männer zu kriegen, weil die es gewohnt sind, alles allein zu machen.«

Aber, und das ist wieder die Krux, diese Männer wollen selten ältere Frauen. Nach dem Interview melde ich Mama für den nächsten Kochabend auf dem Portal an. Was ich gehört habe, klingt gut, finde ich … Was sie mir darüber berichtet hat, hört sich gut an, finde ich, so ungezwungen, und Mama liebt schließlich das Kochen.

Eine Woche später stattet mir meine Mutter einen Besuch ab. Aus einer großen Jutetasche holt sie eine neue, teflonbeschichtete Pfanne heraus, die sie mir wie eine Trophäe überreicht. »Hier, für dich! War im Angebot, dachte, kannst du bestimmt gebrauchen!«

Mütter. Immer scannen sie nebenbei unauffällig den Hausstand oder, noch schlimmer, den Kleiderschrank ihrer erwachsenen Kinder, um dann hier und da wie ein Hund Duftmarken zu verteilen. Ob ich später auch so werde? Wahrscheinlich. Und ich werde es völlig normal finden.

Ich mache uns einen Tee. Keinen Kaffee. Denn Koffein nach 14 Uhr lässt meine Mutter abends nicht einschlafen, behauptet sie. Wir wollen heute Nachmittag ein wenig im Netz surfen, da sind ein paar Portale, von denen wir uns etwas versprechen. Außerdem will sich Mama ein Profil auf einer Singlebörse anlegen. Liljana schwört darauf! Über Facebook schrieb sie mir neulich, es gäbe News, wir sollten mal wieder auf ein Gläschen vorbeikommen!

Jetzt aber erst mal zu dem »schwer vermittelbaren« Fall in meiner Küche. »Gehst du nicht morgen zu dem Kochabend? Wo findet der überhaupt statt?«, will ich wissen, um mir ein besseres Bild von den Räumlichkeiten und der Atmosphäre dort machen zu können.

»Nirgends findet der statt. Es waren zu wenig Teilnehmer, und das Event wurde abgesagt.«

Och nö. Ich glaube, ich bin enttäuschter als meine Mutter. Zu wenig Teilnehmer heißt wahrscheinlich: zu wenig

Männer. Wirklich schade. Also höchste Zeit, um uns nach Alternativen umzuschauen.

Wir ziehen mit unseren Teetassen auf meine Couch um und klicken uns auf einem großen Berliner Singleportal durch die anstehenden Veranstaltungen. Die kann man auch einsehen, wenn man noch nicht registriert ist. Die Auswahl ist gar nicht mal so schlecht, aber Mama winkt ständig ab, als ich ihr die eingestellten Angebote von »Schlagerparty« über »Stadtwanderung« bis »Champagnerumtrunk im KaDeWe« vorlese.

»Der Umtrunk ist eh schon ausgebucht, sehe ich gerade.« Ich scrolle weiter runter und sehe plötzlich: »Hier! Frühlingskonzert in der italienischen Botschaft! Das klingt doch super. Der Eintritt ist sogar frei, und es ist noch genau ein Platz frei! Für die Anmeldung müssen wir dich aber registrieren. Ist kostenlos, steht hier. Also los, Nutzername? Wie möchtest du heißen?«

»Äh, ich weiß nicht, also nicht Monika!«

»Mmh, wir probieren mal ganz simpel ›Mobi‹. Vor- und Nachname quasi. Ach, schon vergeben. Dann ›Mobie‹?« Ich probiere weiter, und siehe da: Anmeldung erfolgreich. »Du musst aber noch ein Passwort eingeben, Mama.«

Meine Mutter tippt, ohne zu überlegen, ein ewig langes Passwort mit Ziffern und Sonderzeichen ein.

»Oh, sehr gut, du hast ja ein vorbildliches Passwort eingegeben. Haste in der Internetschule wohl gut aufgepasst?!«, lobe ich sie mit übertriebenem Ernst.

Mama nickt wie eine beflissene Schülerin. »Klar, man kann die doch so leicht knacken, hab ich gelesen. Die werden in diesem Darknet verkauft und in Sekunden dechiffriert, selbst wenn du schon zwei Zahlen dabeihast!«

»Ja, und es ist wirklich zu komisch, dass neben ›123456‹

eines der meist verwendeten Passwörter ›passwort‹ lautet! Total absurd!«, ergänze ich, froh dass ich mir in der Hinsicht um meine Mutter keine Gedanken machen muss. »Na, um dich muss ich mir wenigstens keine Sorgen machen! Also was wollen die jetzt alles wissen? Suchst du einen Mann für die Freizeit oder zum Daten? Raucher, Nichtraucher, egal?«

»Nichtraucher bitte. Was, Gewicht und Größe wollen die auch von mir wissen? Nee, das lassen wir mal schön aus.«

Ich nicke und trage ein, während Mama weiter laut vorliest: »›So bin ich‹. Ähm ... Schreib mal: humorvoll, loyal, neugierig, großzügig, kulturell interessiert. Und ich suche ...« Mama überlegt, und mir fällt spontan wieder unser bewährter Spruch ein: »›Das passende Pendant‹ vielleicht?«

»Ja, das ist gut! So, noch Freizeitaktivitäten. Ach, das kann man einfach anklicken. Also ›Bars‹ nicht. ›Fernsehen‹ auch nicht. Bitte ein Häkchen bei ›Kunst‹, ›Musik‹, ›Ausstellungen‹, ›Gartenarbeit‹ und ›Freunde treffen‹.«

»Was ist mit ›Backen‹?«

»Quatsch!«

»Okay, Mama, dann hast du jetzt ein Profil. Herzlichen Glückwunsch! Und, oh, das ging aber schnell, eine E-Mail!«

Die ist aber automatisch generiert und kommt vom Team des Portals.

»In den ersten drei Wochen kannst du kostenlos an drei Events teilnehmen«, steht dort.

Mama guckt mich erstaunt an und sagt empört: »Ach was, ich dachte, das wäre immer kostenlos! Na gut, die müssen ja auch was verdienen. Aber typisch, man muss wirklich immer das Kleingedruckte beachten. Also bin ich jetzt für das Frühlingskonzert registriert?«

»Ja! Und da es der letzte Platz war, musst du leider allein

hin. Ohne mich!« Ich wische mir eine imaginäre Träne aus dem Auge. »Aber wir könnten doch auch etwas Eigenes organisieren!? Einen Sonntags-Brunch für Singles? Da müssen wir nur einen Tisch irgendwo reservieren und gucken einfach, wer kommt und was passiert! Mmh?!« Ich finde meine Idee spektakulär! Selbst aktiv werden, die Dinge in die Hand nehmen, das ist doch Mamas Stil..

Aber sie gibt nur ein skeptisches: »Na, wenn du meinst«, von sich.

Es kann natürlich auch sein, dass dann niemand kommt, und wir haben vergeblich etwas organisiert. Es könnte aber auch einfach ein witziger Tag voller Überraschungen werden!

»Wir laden auch Freunde von uns dazu ein, dann wird's auf jeden Fall nett! Hier, bei dem Portal, wo du auch zum Kochabend angemeldet warst, kann man selbst easy was Eigenes verbreiten.«

Mama versucht es bei mir mit ihrem theatralischen Große-Augen-Blick, aber da habe ich schon auf dem Tablet die Webseite gewechselt und lese ihr laut vor: »Wir müssen angeben, welche Kategorie es ist: ›Freizeitaktivität‹, nee, nicht wirklich, ›Sport‹, nee, ›Geselligkeit‹? Ja, das passt doch! Geselligkeit, oder, Mama!? Wann denn?«

Mama überlegt, am kommenden Wochenende hat sie selbst eine Lesung, auf die sie sich konzentrieren muss.

»Lass uns doch den Sonntag in zwei Wochen nehmen. Das sollte als Vorlauf reichen«, schlägt sie vor.

Ich freue mich, dass sie nun doch mit mir gemeinsam etwas plant. »Wie viel Uhr ist dir recht?«, frage ich sie.

»Na, entweder Brunch, so um elf? Oder lieber nachmittags?«

Man hört ihr die Skepsis über meinen Vorschlag immer

noch an. Ich lächle unwillkürlich und schlage vor: »Ich bin ja eher für nachmittags, ab 15 Uhr oder so, dann fühlt man sich nicht so schlecht, wenn man schon einen Sekt in der Hand hat.« Und Sekt muss einfach sein – Sprudelalkohol hebt schließlich immer die Stimmung. Ein bisschen mulmig ist mir jetzt auch. Wer weiß, wer unserer Einladung folgt?

Mama ist einverstanden mit 15 Uhr, und ich scrolle zum nächsten Punkt und lese laut vor: »›Beschreiben Sie Ihre Aktivität‹.«

»Na, da ich neu bin auf dem Portal, könnte ich das zum Anlass nehmen, um Leute darüber kennenzulernen. In lockerer Runde bei Sekt und Kaffee, so was in der Art? Vielleicht nicht direkt mit der Single-Keule ins Haus fallen, das könnte abschrecken.«

Das finde ich eine richtig gute Idee und schreibe einen netten Vierzeiler. Wir einigen uns noch auf ein Café, wo ich gleich einen großen Tisch reserviere, und dann, zack, ist die Veranstaltung abgeschickt und veröffentlicht. Wir lieben solche spontanen Aktionen, verbunden mit dem Kribbeln im Magen, ob es am Ende überhaupt so hinhaut, wie wir es uns gedacht haben.

Da Mama und ich gerade gemütlich zusammensitzen, nehmen wir uns die Zeit, um Hörerpost und Kommentare zu checken.

Wir sind ja nun schon eine Weile quasi öffentlich unterwegs auf der Suche nach einer neuen Liebe. Die ersten Podcast-Beiträge und Features in einem Frauenmagazin sind erschienen. Wir produzieren ohne großen Vorlauf und können so unmittelbar auf Feedback reagieren. Wir bekommen tolle Kommentare beim Streaminganbieter, die uns in gute Laune versetzen.

Wo sind sie bloß, die Männer?!
Ich hab mich köstlich amüsiert und gefreut, dass Mütter
und Töchter zusammen so viel Spaß haben können und
nach so langer gemeinsamer Zeit
noch so viel voneinander kennenlernen können.
Danke, dass ich teilhaben durfte. Und Männer,
wollt ihr das etwa nicht?!

»Tja, gute Frage!«, ruft meine Mutter. Ich suche nach einem Kommentar, der von einem Mann stammen könnte, aber Fehlanzeige.

Margarete schreibt:

Ein Geschenk!
Vielen, vielen Dank für dieses ungeheuer unterhalt-
same und mutige Experiment! Ihr sprecht mir
aus dem Herzen!

Und eine andere Hörerin schreibt:

Erinnert mich schmunzelnd an meine »Ver«-Suche!
Könnte ein ganzes Buch schreiben, und die
meisten Altersgenossinnen, die keinen Versorger, sondern
einen L(i)ebe(n)spartner suchen,
haben garantiert ähnliche Erfahrungen gemacht
wie die Protagonistin!!
Köstlich!

Mama und ich schauen uns an wie zwei Grinsekatzen. Ich klicke noch mal online in den Blog zum Podcast der Frauenzeitschrift. Auch hier sind es meistens Frauen, die uns ihre Erfahrungen schildern und über Liebe im Alter heiß diskutieren. Ich zeige Mama die neusten Einträge und Kommentare zum Podcast.

Eine Evi schreibt unter anderem:

> Ich schätze Männer meines Alters oft älter ein, und ich komme ja auch gut alleine klar.

Das mit dem »Alleine-Klarkommen« scheint ein Schlüsselsatz zu sein bei Frauen in Mamas Alter. Ich weiß gar nicht, wie oft ich das inzwischen schon gehört oder gelesen habe, seitdem ich mich mit dem Leben unserer Elterngeneration näher beschäftige. Den Eindruck habe offensichtlich nicht nur ich, denn auf Evis Eintrag hin kommentiert ein männlicher Zuhörer ganz einsichtig, dass es ihm mit dem Alleine-Klarkommen ähnlich gehe und er bedauernd feststellen müsse, dass sich einige Männer im Alter eher vernachlässigten und dadurch auf Frauen so unattraktiv wirkten.

Frauen sind also nicht zu kritisch, Männer stellen das schon selbst bei ihren Artgenossen fest. Gibt es dafür nicht gute Freunde, die Bescheid sagen, wenn die Füße in den alten Schuhen müffeln und die Hemden etwas sehr eng geworden sind und das Jackett, das zu lange auf dem Bügel hing, an den Schultern ausbeult?

Nein. Vermutlich gibt es sie nicht, denke ich bedauernd.

Elisa schreibt:

> Die Partnersuche wird schwieriger, weil man nicht mehr so anpassungsfähig ist, aber viele noch nach den althergebrachten Beziehungsschemata suchen, daher wird es schwierig.

»Ja, das ist gut beschrieben«, sagt meine Mutter.

Darüber habe ich so konkret noch gar nicht nachgedacht: Im Alter ist das passende Pendant so schwer zu finden, weil man immer noch seine alten Beutemuster aus wilden Zeiten beibehalten hat? Und womöglich selber noch denkt, man sei wer weiß wie großartig? Oha, keine gute Kombi und kein Wunder, wenn es dann nicht klappt. Ich mache ein kleines Memo in meinem Kopf: So später bitte nicht, Magda.

Ich scrolle weiter runter, der Diskussionsstrang ist verblüffend lang geworden, seit wir das letzte Mal nachgesehen haben.

»Oh, hier! Ja, das trifft es auch total!« Mama deutet auf den Post von B.:

> Ich habe alles gehabt. Alles Neue wäre weniger, dafür mache ich mich nicht mehr auf die Suche!

Die Erleichterung ist meiner Mutter anzuhören: »Da ist was dran! Es beruhigt mich, wenn ich das lese, weil ich ja schon an mir gezweifelt habe, dass ich so schwierig sei, aber nein. Es ist einfach so, dass man unter ein bestimmtes Level nicht mehr gehen will. Da hat die Hörerin vollkommen recht!«

Ich muss ihr auch zustimmen und finde aber, dass das nicht unbedingt eine Frage des Alters ist. »Mit 30 ging es mir auch schon so. Ist es also nicht eher eine Frage der Einstellung und eben des ›Gut-alleine-Klarkommens‹? Jeder Mann ist das i-Tüpfelchen, aber ohne geht es eben auch.«

Mama und ich lächeln uns an.

Nach einer kurzen Gedankenpause sagt sie: »Deshalb ist

es so ein Glück, wenn dir jemand über den Weg läuft, wo noch mal alles über den Haufen geworfen wird und es peng macht. So, wie mir das mit 50 mit Volker passiert ist, oder Liljana mit über 70. Möglich ist alles, wenn man neugierig und offen bleibt.« Mama macht wieder eine Pause, guckt scharf nach oben und holt Luft, dann weiß ich, sie kramt ein passendes Zitat aus ihren Gehirnwindungen – na, was ist es diesmal?

Mama sagt in exaltiertem Bühnentonfall: »Wie der olle Brecht schon sagte: ›Neu beginnen kannst du mit dem letzten Atemzug.‹«

»Mag sein, aber da hat dein Gegenüber ja nichts mehr davon. Ich gebe das zu bedenken, Mama!«

Wir lachen herzlich, und ich bin froh, dass uns beiden das nie abhandengekommen ist, dieses Zusammen-Lachen. Okay, außer vielleicht in meiner schwierigen Teenagerzeit, aber das ist wohl normal.

Als meine Mutter gegangen ist, denke ich weiter über Volker nach, den Crash in Mamas 50ern. Schade, dass diese Liebe unseren Umzug zurück nach Berlin von Schleswig-Holstein, wo wir drei Jahre gestrandet waren, irgendwie nicht überstanden hat. Die beiden verbindet immer noch eine enge Freundschaft, und ich weiß, dass sich Mama hundertprozentig auf ihn verlassen kann und er sie mit ihren »ganzen Flitzen aushält«. Sie spricht immer liebevoll von ihm.

Auf meine Frage, woran es damals gescheitert sei, sagte sie bedauernd: »Ich glaube, er ist ein Beziehungsflüchter, er konnte das einfach nicht. Obwohl ich ja nie geklammert habe und er das wusste. Zudem hatte ihn die Pflege seiner Mutter damals sehr beansprucht und eingenommen. Wir haben uns dann einfach zu selten gesehen nach unserem Umzug.«

Wie meine Mutter auch ist Volker seitdem allein. Er wohnt in einer Kleinstadt in Norddeutschland, dort gibt es diese große Auswahl an Singleveranstaltungen überhaupt nicht, wie wir sie für Berlin kennen und ganz selbstverständlich für die Recherche zum Podcast verwenden können. Aber wie ich ihn kenne, würde er sie eh nicht nutzen. Auch er hat sich wunderbar mit seinem Leben »allein, aber nicht einsam« arrangiert. Er würde sich wohl auch nie einer aktiven Fahrradtruppe anschließen, um jemanden kennenzulernen, geschweige denn irgendetwas Gruppendynamisches tun.

Im Grunde genommen ist auch er kein »typischer Rentner«. Die Frage, die ich mir dabei stelle, ist: Nutzen diejenigen, die sich einsam fühlen, weil sie allein leben, tatsächlich auch das World Wide Web, um sich zu vernetzen? Oder gehen sie nicht eher unter, weil sie zu den über 10 Millionen gehören, die noch nie das Internet benutzt haben? Und wie mag das in einer Kleinstadt aussehen? Da findet man übers Internet etwas über Veranstaltungen heraus, nur um festzustellen, dass sie alle in der Großstadt stattfinden? Oder es gibt einmal im Monat eine Ü-40-Party, und dahin kommen dann die immer gleichen Leute – und von Ü-40 bis Ü-60 ist es ein weiter Weg, auch musikalisch ...

Die Start-up-Plattform, um ältere Menschen miteinander zu verbinden, auf der wir meine Mutter angemeldet haben für den Kochabend und auch für unsere spontane Eigenveranstaltung, gibt es übrigens heute nicht mehr. Der gewünschte Erfolg blieb aus. Die heutigen Silver Surfer sind wohl doch noch nicht so weit, um ganz allein eine eigene

Plattform zu tragen. Ich kann mir vorstellen, dass das in wenigen Jahren schon ganz anders aussieht. In Zukunft ist eh jeder im Rentenalter ein ›Digital Native‹.

Kapitel 14

Auf eigene Faust

Ich bekomme eine WhatsApp-Sprachnachricht von meiner Freundin Sanne. Auch wenn wir uns nur selten hören (oder voneinander lesen), ist der Austausch mit ihr immer sehr herzlich und unkompliziert. Ich freue mich, als ich ihren Namen im Handy-Display lese, und mein Herz macht einen Hüpfer, als ich ihre Sprachnachricht abhöre:

> Hallo Magda, mein Herz, ich verfolge ja
> deinen Podcast ganz gespannt, und neulich,
> nach dem letzten Gespräch, das du mit deiner
> Mutter hattest, dachte ich plötzlich:
> Mensch! MEIN Papa könnte doch ein Mann für
> deine Mama sein! Lass uns mal was arrangie-
> ren, ich hab ein gutes Gefühl! Mein Papa ist
> super und total kulturinteressiert und offen
> für alles - bis bald!

Daran, in meinem Freundeskreis nach einem Mann für Mama zu fahnden, habe ich bisher nicht gedacht. Oder hat mich eine unterbewusste Hemmschwelle davon abgehalten? Ich muss zugeben, dass ich nicht um alle Eltern-Konstellationen meiner Bekannten und der eher nicht sehr engen Freunde weiß. Aber die Nachricht von Sanne gibt mir Hoffnung! Schließlich kenne ich sie und weiß, dahinter kann sich kein Arschloch-Papa verbergen! Im Gegenteil, ich erinnere mich plötzlich an einen weinseligen Abend vor vielen Jahren, an dem mir Sanne erzählte, wie ihre Mutter ausgerechnet an Weihnachten 1989 nachts ihren Mann und ihre drei Kinder verlassen hat, um in den Westen zu gehen. Heimlich. Ich empfinde Respekt vor diesem Vater, auch wenn ich ihn noch nicht kennenlernen durfte.

Ich schicke Sanne eine bemüht unaufgeregte Sprachnachricht und schlage vor, dass wir uns mal überlegen, was die beiden verbindet und in welchem von uns eingefädelten kulturellen Kontext sie sich kennenlernen könnten. Ich habe irgendwie ein gutes Gefühl bei der Sache!

Jetzt melde ich mich auch endlich mal bei Liljana, die mir vor einer ganzen Weile Neuigkeiten angekündigt hatte. Als wir telefonieren, sagt sie ganz beiläufig nach dem Begrüßungs-Small Talk: »Ich habe jemanden kennengelernt, und das lässt sich ziemlich gut an. Dachte, das interessiert dich vielleicht ...«

Und ob mich das interessiert! Sie erzählt mir noch, dass sie den Mann tatsächlich über das Internet kennengelernt hat und er sehr viele Jahre jünger ist als sie.

Das hört sich wirklich sehr spannend an, zumal es einen großen Altersabstand in dieser Konstellation eher selten gibt. Ich erinnere mich nur an die Befragung von Parship.

Aber wie das immer so ist bei einer Vielbeschäftigten und Mutter: Es ist schon schwer genug, meine eigenen Freundschaften zu pflegen. Prompt muss ich Liljanas und mein Treffen weiter aufschieben. Aber ich habe kein schlechtes Gewissen dabei, denn ich möchte, wenn ich ehrlich bin, eigentlich gerne noch ein wenig abwarten, bis es sicher ist, dass der neue Mann überhaupt in ihrem Leben bleiben darf. Über Strohfeuer haben wir schließlich schon genug geplaudert.

Aber es scheint gut zu laufen, wann immer ich Monika nach dem Liebesleben ihrer Freundin frage, scheint dort alles so roséfarben zu sein wie der Sekt, den wir zusammen getrunken haben, bevor wir in diese skurrile Tanzbar gegangen sind.

Mama und ich sind natürlich nicht untätig. In der Woche vor unserem eigenen kleinen Versuch, ein gesellschaftliches Event aus Mamas Singleleben zu machen, gehen wir zusammen zu einem Männerballett aus New York in den Admiralspalast. Wir haben darüber viel gelesen und sind gespannt, denn es soll urkomisch sein. Wenn schon Dating-Flaute herrscht, dann können wir wenigstens schönen Männern in Tutus zugucken! Und vielleicht kommen wir dort spontan mit jemandem ins Gespräch? Vielleicht macht es sich ja bezahlt, einmal ein ganz unverfängliches Terrain auszuloten.

Die Persiflage auf Schwanensee, die wir uns ansehen, ist wirklich köstlich, aber wann immer Mama sich neugierig umschaut: nur Pärchen oder abwartende Mienen.

Enttäuscht raunt sie mir ins Ohr: »Du kriegst ja nicht mal Blickkontakt. Keiner guckt dich an. Die starren alle nur vor sich hin. Gerade an einem so anregenden Abend, das verstehe ich gar nicht.«

Flirtlaune Fehlanzeige, dabei ist das Publikum total gemischt, und wir mögen die eher lockere Atmosphäre. Es wird viel gelacht, denn das Männer-Ensemble steckt in den stilechten Kostümen von Balletttänzerinnen, hat viele selbstironische Momente und eine unglaubliche Mimik eingebaut. Und dazu tanzen sie auch noch im wahrsten Sinne Spitze.

In der Pause stellen wir uns zu zwei interessanten Männern, vielleicht so um die 60, an einen Stehtisch. Die beiden sehen sehr gepflegt aus, haben dichtes, grau meliertes Haar, tragen schmale Jeans mit schwarzen Hemden und haben nicht mit Schmuck gegeizt. Als wir anfangen, uns über das Stück zu unterhalten, stellt sich heraus, dass die zwei Humor haben. Sie sind auf persönliche Einladung hier, weil sie einen der Tänzer kennen. Noch aus ihrer Zeit, in der sie selbst lange in New York gelebt haben. Die Pause vergeht für uns wie im Flug. Als die beiden wieder in den Saal gehen, klappst einer dem anderen kurz auf den Po. Schade, denke ich. Schon vergeben. Und: Augen auf bei der Wahl einer Veranstaltung. Hätte ich mir eigentlich denken können, dass beim coolen New Yorker Männerballett wahrscheinlich mehr Schwule anzutreffen sind als an einem beliebigen Abend im Berliner Ensemble um die Ecke.

Witzigerweise trifft Mama auch noch einen langjährigen Freund, der drei Reihen hinter uns sitzt, er ist aber ohne seinen Partner da. Als ich leise bei Mama nachfrage, woran das liegt, bestätigt sie meine Befürchtung.

»Die haben sich erst frisch getrennt, nach fast 30 Jahren. Armer Pete. Ich muss ihn mal wieder anrufen und in Ruhe quatschen. Nach so langer Partnerschaft und in unserem Alter ist das entweder eine Befreiung oder der totale Absturz. Ich fürchte, bei Pete ist es Letzteres ...« Sie seufzt.

Auf diese Befindlichkeit nimmt die Dramaturgie des Abends aber keine Rücksicht, und es geht unterhaltsam weiter, was Mamas Freund vermutlich recht ist: Ablenkung spendet auch Trost. Wenigstens kurzfristig.

Mama und ich hatten jedenfalls einen wirklich lustigen Abend. Im Anschluss an die Vorstellung entschließen wir uns, noch kurz an der Friedrichstraße in einem Restaurant in den S-Bahnbögen etwas zu trinken. Ich möchte gerne von ihr erfahren, was sich auf Mamas Profil inzwischen so getan hat.

Ihre Augen leuchten, als sie mir berichtet.

»Ich hatte schon ganz viele Besucher auf meiner Seite, die sich das Profil angeguckt haben. Das kann man ja sehen.«

Das klingt nun wirklich nicht schlecht, ich freue mich für sie, bin aber auch ein wenig gespannt, warum sich daraus noch nichts ergeben hat – das hätte sie mir doch erzählt?

Neugierig frage ich nach: »Und? Hat dir auch jemand geschrieben?«

»Allerdings, aber da habe ich überhaupt nicht reagiert! Der war erst Ende 20!«

»Waaas?« Ich reiße entsetzt die Augen auf. »Was hat der denn gewollt?!?«

»Er schrieb: ›Hallo, schöne Frau, was machst du so? Ich bin Koch, vielleicht darf ich dich mal zum Essen einladen? Bitte melde dich.‹ Aber wie gesagt, da habe ich nicht reagiert. Noch keine 30, also wirklich!«

Automatisch sehe ich so ein Paar vor mir, er unter 30, sie über 70 – klar, wo die Liebe hinfällt, aber es fällt mir trotzdem schwer, mir das vorzustellen. Jeder würde wohl denken, das sei Mamas Sohn! Okay, auf die Meinung fremder Leute gibt meine Mutter wenig, aber ich könnte das ehrlich gesagt nicht ausblenden. Na, sie will ja eh nicht. Mir fällt auch plötzlich eine plausible Erklärung für sein Schreiben ein, und ich sage: »Ja, das ist wirklich strange. Ich will ja nicht gleich das Schlechteste unterstellen, aber mir fällt da sofort Liljanas Verdacht mit den Sugarmummy-Typen ein.«

»Tja, da wäre er bei mir sicher sehr enttäuscht, dass da nix zu holen ist!«

Mama lacht zwar, aber die Aussage versetzt mir trotzdem einen kleinen Stich. Im Gegensatz zu ihren Schwestern mit der Beamtenpension rutscht sie nicht selten am Existenzminimum vorbei. Obwohl sie ein Leben lang viel gearbeitet hat – und klar, zugegeben, auch einen nie geizigen Lebensstil gepflegt hat –, ist ihre Rente alles andere als genug, um sich entspannt darauf auszuruhen oder mal so ohne Weiteres eine teurere Reise zu planen. Ihre Lesungen sind nicht ausschließlich pure Lust an der Freude, sondern schlicht noch notwendig.

In meine Gedanken über diese Ungerechtigkeit des Lebens hinein fährt meine Mutter mit ihren Überlegungen fort: »Ich habe mir ja inzwischen einige Profile angesehen, auch von Frauen, und ich glaube, dass nicht überall das wahre Alter angegeben wird, auf beiden Seiten. Da ist angeblich niemand über 70! Obwohl sehr viele älter aussehen. Ich wieder mit meiner ehrlichen Art ... Da muss man also schon aufpassen.«

»Ich finde es total albern, in diesem Alter immer noch zu schummeln. Wozu denn? Eure Zeit ist doch wertvoll, da muss man sich ja nichts mehr vormachen und sollte zu seinem Alter stehen. Aber so ist das im Netz halt. Die Selbstoptimierung hört eben auch in deiner Generation nicht auf. Du bist da wirklich eine Ausnahme mit deiner Ehrlichkeit.«

Wir trinken aus und gehen auf die Straße – schweigend und ein wenig in Gedanken. An der S-Bahn trennen wir uns.

»Danke, mein Kind, für den schönen Abend!«, sagt Mama und drückt mich.

»Wir sehen uns spätestens bei unserem, äh, bei deinem Event.« Ich zwinkere Mama zu und gehe winkend hinauf zu meinem Gleis. Auf halber Treppe fällt mir noch was ein, und ich drehe mich noch mal um: »Ach, und ruf mich an, wie das Konzert in der Botschaft war!!«

Ich bin wirklich gespannt, was der Abend in der italienischen Botschaft ergibt, für den wir sie neulich noch auf den letzten Drücker angemeldet haben. Zu gerne wäre ich da Mäuschen, um die (Flirt-?)Atmosphäre und die Leute dort zu beobachten. Ob man erkennt, wer über die Singlebörse da ist und wer nicht?

Ich strahle meine Mutter an und hoffe, sie sieht das von unten an der Treppe aus.

Mama zeigt mir ihren Daumen, sie hat ihn nach oben gereckt.

Drei Tage später meldet sich Monika kurz nach 21 Uhr bei mir. War heute nicht der Abend des Konzertes? Ich liege richtig, denn meine Mutter erzählt mir ziemlich angesäuert von einer Pleite. Sie redet über die Freisprechanlage ihres Autos mit mir, und für mich hört es sich so an, als würde das brummende Motorgeräusch ihren Unmut noch verstärken.

»Es war brechend voll vor dem Eingang, wo wir uns alle treffen sollten. Der Treffpunkt war auch nicht sehr genau angegeben, und ich habe keine spezielle Gruppe oder so entdecken können. Also bin ich zur Kasse und hab dort nach den reservierten Plätzen vom Singleportal gefragt. Es war ja schließlich limitiert, also dachte ich natürlich, da sei was reserviert! Aber stell dir vor, die konnten nichts finden. Gar nichts! Ich durfte also nicht rein, weil die Plätze alle schon ausgebucht waren! Ich hab dann draußen noch zwei, drei Leute angesprochen, aber das war mir dann auch zu doof, und ich bin wieder gegangen. Also so eine bescheuerte Planung! Dilettantisch!«

Mama hat sich in Rage geredet. Zu Recht, finde ich, so was Ärgerliches. Schließlich habe auch ich mir etwas davon versprochen und bin fast stellvertretend genervt von der schlechten Organisation und dem falschen Versprechen.

Ich versuche trotzdem, sie zu besänftigen, denn wir sind ja bei der Männersuche für sie eigentlich auch nur im Learning-by-Doing-Prozess. »Das tut mir leid, Mama! Wirklich ätzend. Aber da haben wir wieder was gelernt: Nicht nur bei den Altersangaben vorsichtig sein, sondern auch bei Veranstaltungen, die offenbar jeder reinstellen kann! Hach schade, es klang so nett.«

Mama schnaubt hörbar durch die Nase, während ich ihren Blinker klicken höre.

Ich schüttele noch ein Ass aus dem Ärmel. »Dafür habe ich gestern noch ein Speed-Dating-Angebot entdeckt für Leute deines Alters! In einem Restaurant am Ku'damm, ich hab dich auch schon angemeldet. Äh, hast du am 26. um 17 Uhr Zeit?«

Ich halte die Luft an, denn wenn sie jetzt ablehnt, wären die 19 Euro, die ich im Voraus bezahlen musste, in den Sand gesetzt. Ich wollte schnell sein, weil ich Angst hatte, es wäre sonst ausgebucht. Nach dem Bestellvorgang wurde mir allerdings die bestätigte Teilnehmerzahl angezeigt, und ich konnte sehen, dass es zwar fünf Frauen, aber erst zwei Männer waren, die sich registriert hatten.

Mama, inzwischen fatalistisch, erwidert: »Oh, das erste Speed-Dating meines Lebens, na, meinetwegen. Ich gucke nachher, wenn ich zu Hause bin, in meinen Kalender und sage dir Bescheid, aber ich glaube, da lag nichts an. So, jetzt muss ich einparken und mich konzentrieren, gute Nacht, meine Süße!«

Es kann doch nicht so schwer sein. Verdammt noch mal.

Was ist denn los mit diesen Singleportalen und ach so tollen Events?! Wahrscheinlich ist das Angebot in Berlin zu groß, und man muss erst mal den richtigen Riecher bekommen, was seriös ist und was nicht. Aber eines ist auch symptomatisch für die Singles der Hauptstadt: Unverbindlichkeit wird großgeschrieben. Eine offenbar alterslose Eigenschaft. Oder liegt das einfach in unseren Großstadtgenen? Vielleicht komm ich, mal sehen, ach doch nicht, ich meld mich. Vielleicht. Wenn es klappt, schön, wenn nicht, dann halt nicht. Die nächste Veranstaltung wird so oder so angekündigt.

In meiner Generation und jünger kennt man das, aber wenn es jetzt, wie bei mir, die eigene Mutter erwischt, ärgert mich das maßlos. Ich hoffe nur, dass das Speed-Dating klappt. Ich war nämlich auch noch nie bei einem und bin wahnsinnig neugierig, wie Mama das finden wird. Und wer da hingeht!

Apropos hingehen. Erst mal steht unser »geselliges Beisammensein« an. Es haben sich immerhin sechs Leute über die Webseite dafür registriert, aber inzwischen weiß ich: Wenn auch nur eine*r davon kommt, können wir schon glücklich sein.

Zur Sicherheit haben wir auch Karo, Rita, Peter und Liljana eingeladen – und ich dazu noch meine langjährige Single-Freundin Charlotte.

Kapitel 15

Geselliges Beisammensein

Rita und Karo kommen zeitgleich mit uns an, es gibt ein großes Hallo. Jedes Mal denke ich, wie schade es ist, dass wir uns nur so selten sehen. An Karos optische Verwandlung, von brünett über blond hin zu ihrem natürlichen Grau, habe ich mich noch nicht gewöhnt. Ich denke manchmal: Huch, wer ist das denn? Ich muss ihr aber ein Kompliment machen – graue Haare so cool zu tragen, das kann nicht jede. Dann stupse ich Rita an: »Na? Warst du mal wieder im Keese uff 'n Schwoof?«

Sie lacht. »Nee, nee, ohne euch ist das ja nur der halbe Spaß!«

»Ach erzähl mal, wie es war!«, hakt Karo gleich ein, und die beiden nehmen schwatzend am hinteren Tischende Platz.

Dann trifft Peter ein, der sich tatsächlich wieder auf sein Rennrad geschwungen hat. Er scheint langsam gefahren zu sein, denn er wirkt recht entspannt und diesmal auch nicht verschwitzt.

Liljana kommt fast zur gleichen Zeit mit einem mir unbekannten Mann. Ist er derjenige, welcher?

»Hallihallo, meine Damen!«, flötet sie in die Runde. »Darf ich vorstellen? Mein Freund Michael!«

Oh, toll, endlich lerne ich ihn kennen. Er hat einen Dreitagebart, was ihm einen leicht verwegenen Touch gibt, eine schmale Brille und dunkelbraune Haare, am Oberkopf etwas länger und verwuschelt. Er strahlt an

Liljanas Seite eine angenehme Ruhe aus. Weil seine neue Freundin hochhackige Pumps zu ihrem rot-schwarzen Kleid trägt, ist er fast einen Kopf kleiner als sie. Liljana sieht wieder mal spitze aus. Irgendwie mondän mit ihrem frisch nachgefärbten, schicken dunkelblonden Bob, dem Perlenschmuck und den roten Lippen. Ein kleinerer Mann scheint ihr nichts auszumachen. Das wundert mich aber eigentlich nicht, nach unserem langen Gespräch neulich. Auch sie schert sich so überhaupt nicht um gesellschaftliche Konventionen. Das finde ich super. Und ich denke sofort daran, dass Monika ja am liebsten größere Männer kennenlernen möchte. Vielleicht ist sie doch festgelegter, als sie es zugibt. Und man sieht an Liljana, dass das auch gar kein Hinderungsgrund sein muss. Also: Wer weiß ...

Ich bestelle gleich eine Flasche Prosecco und eine Runde Kaffee, eine gute Kombination, finde ich – man wird knallwach und ziemlich locker. Erwartungsvoll schaue ich zur Tür des Cafés. Meine Freundin Charlotte kommt etwas abgehetzt rein, gefolgt von einer Wolke Zigarettenrauch, den sie noch hastig vorher draußen in die Luft gepustet hat. Sie war vorher noch bei ihren Eltern, die gar nicht so weit weg wohnen, erzählt sie mir und zwirbelt dabei mit einer ihrer typischen Gesten ihren glatten, dunkelbraunen Pferdeschwanz. Ich freue mich, denn jetzt bin ich nicht mehr die einzige hier »U-50«.

»Schön, dass du überhaupt hergekommen bist!«, ich deute auf unseren Tisch: »Karo und meine Mutter kennst du ja«, und dann stelle ich ihr den Rest der Truppe vor. Als ich alle der Reihe nach durchgehe, wird mir bewusst, wie gemischt wir sind, wie unterschiedlich – aber auch in diesem Kreis sind Männer (noch) Mangelware.

Als wir mit dem ersten Befindlichkeits-Small Talk durch sind, geht die Tür wieder auf, und herein kommt eine Frau mit längeren grauen Haaren, einem leichten Mantel und in Jeans, sie ist vielleicht Mitte 60 und wirkt sportlich. Sie blickt sich suchend um. Ich winke ihr zu, und strahlend kommt sie an unseren Tisch.

»Seid ihr das ›Gesellige Treffen‹?«

»Na klar!«, meine Mutter springt auf und bittet Gisela, wie sie sich uns vorstellt, an einen der freien Plätze. Gisela und ich stellen sofort fest, dass wir in Kreuzberg fast Nachbarn sind! Berlin ist ein Dorf, das merkt man immer wieder.

Ich frage Gisela ganz direkt, wie sie lebt und wie alt sie ist, und bin überrascht, als sie ihr Alter nennt. Allerdings lächelt sie dabei verlegen.

»Ich bin 70 und lebe seit meiner Scheidung vor 15 Jahren alleine. Und das ist gut so, ich könnte mir nicht mehr vorstellen, mit jemandem zusammenzuleben, obwohl ich mir alles andere natürlich schon vorstellen kann«, erzählt sie uns ganz offen. »Ich merke, was mir besonders fehlt, ist, gemeinsam zu lachen. Alleine zu lachen ist irgendwie schräg!«

Und dann kommt auch von Gisela die Aussage, die ich bei allen interviewten Frauen ihres Alters wohl am meisten zu hören bekommen habe: »Es gibt leider nur wenig Auswahl in unserem Alter, und je älter man wird, desto weniger kompromissbereit ist man. Das macht es natürlich nicht einfacher bei der Partnersuche.«

Mama, Rita, Karo und ich nicken unisono. Selbst Charlotte murmelt: »Wohl wahr«.

»Tja, alt werden ist halt nichts für Feiglinge!«, sagt Gisela und bestellt sich schwarzen Tee.

Im Eingangsbereich steht jetzt ein Mann in Blue Jeans und mit schwarzem Sakko, der sich umschaut. Ob er zu uns will? Ich beobachte ihn kurz und zögere, ihm zuzuwinken, denn er sieht recht jung aus. Als sich unsere Blicke treffen, hebe ich doch die Hand, und er kommt etwas schüchtern an unseren inzwischen gut besetzten Tisch. Auf sieben Frauen kommen mit ihm nun drei Männer.

»Hallo, ich bin Andreas, ihr seid das offene Treffen, oder? Entschuldigt mein Zuspätkommen.«

Machen wir gerne, ich hätte fast nicht mit einem weiteren Gast für unsere Runde gerechnet. Wie sich herausstellt, ist Andreas zwar erst 54, aber irgendwie hat ihn unser Post auf dem Portal angesprochen. Er hat dunkelblondes, welliges Haar, das ihm fast bis zu den Schultern reicht, und ein dunkelrotes Halstuch umgebunden. In leisem Tonfall erzählt er uns, dass er Galerist sei und viel arbeite. Heute sei sein einziger freier Tag.

Er bekommt erst mal ein Glas Prosecco und hört zu, wie meine Cousine Karo mir von einem Flirt mit einem jungen Arzt erzählt.

»Ich weiß gar nicht, wann das passiert ist, dass plötzlich jeder Arzt jünger ist als ich! Aber immerhin, mit dem bin ich wenigstens ins Gespräch gekommen, sonst quatscht dich im normalen Alltag ja keiner mehr an. Selbst wenn man so aktiv ist wie ich! Online mache ich erst mal nix mehr, da bin ich echt abgefrühstückt. Andreas, bist du in einer Beziehung?«

Andreas guckt in sein Glas und beginnt zögerlich zu sprechen, redet dann aber ohne Punkt und Komma, als er erst einmal warm geworden ist. »Nein, ich bin schon sehr lange Single. Ich habe viel Kundenkontakt, aber das ist ja eher so eine Art distanzierte Nähe. So richtig tiefer zu gehen ist noch mal eine ganz andere Sache, auch weil man es nicht mehr gewohnt ist. Man ist so lange aus dieser Emotionalität raus! Natürlich gibt es immer mal wieder kurze Episoden, aber sich einzulassen auf einen einzelnen Menschen, sich mehr zu öffnen, jemanden ranzulassen, tiefer zu gehen – da ist man unsicher, weil man es gar nicht mehr gewohnt ist.« Es scheint, als würde er gerade mehr ein Selbstgespräch führen. Es ist ungewohnt, jemanden über sich in der dritten Person von sich reden zu hören.

»Man ist dann wieder wie ein kleines Kind, und man denkt: ›Oh, Gott, nimm mich doch bitte an die Hand.‹ Und meine Erfahrung ist, dass das ja den anderen auch schnell erschlagen kann. Zu viel Gefühl ist auch nicht immer gut.« Andreas hat eine sanfte und unsichere Ausstrahlung. Eine ungewohnte Kombination bei Menschen seines Alters. Er nimmt einen großen Schluck aus seinem Glas, hört Mama und Liljana ein wenig zu und fragt dann: »Mich würde interessieren, wie es euch damit geht, dass jeder ja ein Produkt seiner Vergangenheit ist und dadurch auch geprägt durch Enttäuschungen. Geht ihr mit angezogener Handbremse durchs Leben, oder sagt ihr: ›Ja, ich habe Lust, mich wieder mit Haut und Haar einzulassen‹?«

Na, das ist die richtige Frage für Mama und ihre Freundinnen. Durcheinander ruft es: »Natürlich einlassen!« – »Was für eine Frage!« – »Man will was Neues, na klar, rein ins Leben!«

Liljana ist diplomatischer. »Es ist natürlich auch eine Typ-Sache, aber irgendwann solltest du negative Dinge abschließen, hinter dir lassen, sonst kannst du nicht fröhlich nach vorne blicken, Andreas!«

Rutschen wir gerade in eine kleine Therapiestunde ab? Aber recht hat sie.

Andreas weiß mit klaren Ansagen etwas anzufangen, denn er nickt heftig. »Und du kannst auf neue Begegnungen einfach unbefangen zugehen, Liljana?«, fragt er und bekommt ebenfalls ein entschiedenes Kopfnicken zur Antwort.

»Oh, ja, das kann ich.«

Auch Mama stimmt zu: »Ich auch, es ist doch jede Begegnung anders, bleib neugierig und offen dafür.«

Andreas saugt die Worte förmlich in sich auf und wiederholt noch mal leise: »Ja, offen und neugierig ...«, und nickt wieder.

Ich frage mich, was für schlechte Erfahrungen er gemacht hat, die ihn so sehr geprägt haben, dass er noch immer so an der Vergangenheit festhält. Er sieht nicht schlecht aus, und er geht einem spannenden Beruf nach. Dort muss er ja auch unbefangen an neue Kunden herantreten, aber im Privatleben scheint das nicht zu funktionieren.

Da springt ihm plötzlich Peter zur Seite, als habe er gespürt, was gerade in Andreas' Kopf los ist. »Weißt du, man muss sich von dem Stigma lösen, man sei sozial weniger wert oder es sei seltsam, dass man alleine ist. Es gibt viele Leute, die aus verschiedenen Gründen alleine leben, und ich finde das durchaus bemerkenswert. Das ist auch keine so leichte Übung, den ganzen Tag mit sich alleine auszukommen und keinen Satz an einen anderen zu richten, und mit dir selbst willst du ja lieber nicht reden. Das ist wie mit dem Alleine-Lachen. Wobei es dabei ja auch mehr darum geht, sich im anderen zu spiegeln, eine Emotion zu teilen. Die Frage ist doch aber: Empfindet man das als Manko und Tortur, das Alleinsein, oder kann man damit spielerisch und leicht umgehen? Natürlich, mir zum Beispiel fehlt ab und zu einfach ein ganz belangloses Gespräch, das aber dann auch irgendwo hinführen kann. Mit meinem minderjährigen Sohn geht's ja immer eher zielgerichtet zu: um die Schule, um den Fernseher oder Computer. Das ist natürlich ein anderes Niveau. Manchmal fällt mir auf, dass ich fast die ganze Woche nur mit meinem Kind geredet habe, und dann muss ich nachts, wenn er schläft, wenigstens noch mal auf ein Bier um die Ecke in meine Stammkneipe gehen, um einfach mal wieder mit Erwachsenen zu quatschen. Auch wenn da nicht unbedingt tiefgründig geschürft wird, aber mal rauszukommen, das ist wichtig für mich.«

Ich bin berührt davon, wie an diesem Nachmittag jeder hier sein Herz auf der Zunge trägt. Wir reden noch über die Idee von Mehrgenerationenhäusern versus Ü-70-Wohngemeinschaften und über Tinder, Parship und Co. Unter die Ernsthaftigkeit mischt sich immer wieder der Humor unserer bunten Truppe. Als Peter fragt, ob meine Freundin Charlotte schon mal Parship probiert habe, lacht sie nur.

»Bestimmt nicht. An der Kampagne merkt man doch schon, dass das nichts werden kann damit. Da heißt es doch: ›Alle elf Minuten verliebt sich ein Single.‹ Ein Single. Na, herzlichen Glückwunsch. Ich dachte, es gehören immer zwei zu einer erfolgreichen Beziehung!«

Wir prosten uns noch mal zu, und es ist nicht das letzte Mal an diesem Tag. Ich bin erleichtert, dass es so unkompliziert läuft und sich alle wohlfühlen. Dass wir heute ursprünglich ja neue Männer für Monika ins Visier nehmen wollten, ist nebensächlich geworden.

Charlotte erzählt Peter, dass sie inzwischen aufgehört habe, aktiv nach einem Partner zu suchen. »Wenn es passiert, wäre es schön, aber ich bin auch so ziemlich zufrieden mit meinem Leben. Und du wirst es sicherlich kennen, man kommt in einer Beziehung oft an den Punkt, wo man einfach zu viele Kompromisse macht und wo man sich dann entweder selber verbiegt oder der andere. Und ich möchte mich weder so verbiegen, dass ich mich nicht mehr wiedererkenne, noch möchte ich mit jemand Verbogenem zusammen sein. Entweder ich lerne jemanden kennen, mit dem irgendwie alles auf Augenhöhe funktioniert, aber ich habe keine Lust mehr, mich für einen Mann kleinzumachen, damit der sein Ego-Ding fahren kann!«

»Aber willst du nicht Kinder kriegen und eine Familie gründen?«, fragt Peter.

»Doch, klar, aber nicht mit jemandem, den ich dann achtzehn Jahre an der Backe habe, bis das Kind groß ist, und den ich eigentlich zum Kotzen finde. Dann eben keine Kinder.« Sie sagt das so selbstverständlich in ihrer resoluten Art. Dass sie sich zur Sicherheit ihre Eizellen hat einfrieren lassen, erzählt sie in dieser Runde nicht. Es ist ein sensibles Thema.

Da mischt sich Liljana ein, die aufmerksam zugehört hat, und meint, Charlotte habe mit ihrer Bemerkung, lieber auf Kinder zu verzichten, als faule Kompromisse zu machen, den Zeitgeist getroffen. »Wir haben da noch vor dreißig Jahren anders drüber gedacht, und dessen müssen wir uns auch bewusst sein. Diese Selbstständigkeit, die wir heute leben, haben wir vorher so nicht gehabt. Ich und Monika schon noch eher, aber die meisten Frauen nicht. Und diese Entscheidung: ›Bekomme ich Kinder oder keine?‹ Das war früher ja gar nicht drin: Heirat, Kinder, Schluss aus.«

Sie sagt das völlig wertfrei und fügt hinzu: »Na klar. Und bei der jungen Frauengeneration ist heutzutage eine große Portion Egoismus dabei, und deshalb sind wir alle auch eine

Gesellschaft aus so vielen Singles geworden. Das ist aber auch das Ergebnis davon, dass wir uns die Emanzipation, die wir erlebt haben, zu eigen gemacht haben. Wir sind alle dadurch kleine Egoisten geworden und nicht zu Kompromissen bereit. Ihr spürt das jetzt schon, meine Generation hat es erst viel später erfahren.«

Jetzt muss ich mich doch mal einmischen, denn meiner Meinung nach haftet dem Wort Egoismus etwas sehr Negatives an. Das ist nicht immer gerechtfertigt. »Ich finde, man kann das Wort Egoismus auch durchaus mal durch ›Selbstfürsorge‹ ersetzen«, werfe ich in die Runde. »Ich denke, es liegt eher daran, dass wir heute ein anderes Bewusstsein, eine andere Achtsamkeit in Bezug auf uns selbst an den Tag legen. Und legen können. Wir haben die Freiheit, selbstbestimmt zu leben und zu handeln … Vielleicht wirkt man dadurch manchmal egoistisch, das ist in meinen Augen aber eher eine gesunde Selbsteinschätzung. Was tut mir gut? Was möchte ich? Wir wissen einfach inzwischen, dass es wichtig ist, seine eigenen Bedürfnisse zu kennen, sich selbst wertzuschätzen, anzuerkennen, was man hat und was man kann. Natürlich sollte man die Menschen um sich herum dabei nicht ausblenden, ist doch klar. Im besten Fall überträgt man all das auch auf seine Beziehung.«

Kann mir hier noch jemand folgen? Die Runde schaut mich aufmerksam an, während ich meine Erkenntnisse à la »Wir sind doch nur wirklich fähig, mit anderen eine Beziehung einzugehen, wenn wir uns selbst lieben« vom Stapel lasse. Schnell noch ein Schlückchen Sekt: »Und deshalb glaube ich, dass das nichts mit Egoismus zu tun hat, sondern mit dem Streben, die beste Version seiner selbst zu werden. Getreu nach Pindar: ›Werde, der du bist.‹ Und ein Partner sollte uns immer dazu ermutigen und bestärken, dass wir das sein können. Und dieses Bewusstsein ist in meiner Generation inzwischen stark ausgeprägt, ich finde daran nichts Negatives.« Prost. Ich hebe das Glas, und die Runde steigt ein.

Meine Mutter hakt gleich nach. »Diese innere Unabhängigkeit beinhaltet ja auch die Entscheidungsmöglichkeit, Kompromisse eingehen zu können, wenn ich das will. Und ich finde, das ist ein enormer Fortschritt, eine Unabhängigkeit, die Männer wie Frauen betrifft und die man verteidigen muss bis zum Letzten!«

»Da hast du recht.« Liljana pflichtet ihr bei. So unterschiedlich ihr Musikgeschmack ist, so sehr ähneln sich die Freundinnen in ihrem Denken. »Das ist wirklich ein Wahnsinnsfortschritt, den wir erlebt haben. Auch wenn ich glaube, dass Männer damit nicht immer so einfach umgehen können wie wir Frauen.«

Ich werfe einen Blick in die Runde, aber von den Männern wird er mir nicht erwidert, und keiner fühlt sich bemüßigt, dazu etwas zu sagen.

Also fährt Liljana schon fort: »Gerade in unserer Generation erlebe ich viel, dass die Singlemänner schlechter mit unserem Selbstbewusstsein und unserer Selbstständigkeit klarkommen. Die sehen das noch lange nicht als Fortschritt!«

Wir legen eine Kuchenpause ein, weil die Kellnerin gerade mit zwei großen Tabletts voll mit Cheesecake und sündiger Schokotarte kommt. Dann lassen wir es uns schmecken und sammeln unsere Gedanken neu. Schmoren wir gerade in unserem »eigenen Saft«, wie Mama es mal nannte? Hatte sie das nicht unbedingt vermeiden wollen?! Dieses Treffen sollte ja offenen Begegnungen dienen. Stattdessen haben wir uns gegenseitig versichert, wie glücklich wir mit uns

selbst sind. Und warum wir nicht unbedingt einen Partner brauchen. Trotzdem: So ein Austausch ist immer anregend, und es ist ja noch lange nicht vorbei. Da kommt
gerade neuer Prosecco!

Nach dem Kuchen tausche ich den Platz mit Karo und
setze mich neben Peter. Ich weiß, dass er nach dem Tod
seiner Frau weitere Frauen kennengelernt hatte, aber
keine der Beziehungen hielt langfristig. »Und, wie ist das
bei dir? Flirtest du noch, oder sind dir die jungen Frauen
alle zu emanzipiert?«, frage ich ihn mit einem Augenzwin-
kern. Ob er wohl versteht, worauf ich hinauswill? Mich beschäftigt schließlich auch noch die Frage, warum die meisten Männer jüngere Frauen suchen, und darauf habe ich
noch keine Antwort.

Sein Lächeln kommt von Herzen, und ich weiß, ich durfte da nachhaken, als er sagt: »Ich gucke sehr gern allgemein Menschen an, da entscheiden ja oft nur Zehntelse-
kunden, ob sympathisch oder nicht oder eben auch anzie-
hend. Und wenn mein Blick wohlgefällig wird, dann kannst
du aber Gift drauf nehmen, dass die Dame ein bisschen
jünger ist. Das kannst du einfach nicht verhindern, Magda. Das ist einfach so, auch bei mir. Ich muss aber betonen,
dass ich natürlich nicht nach jeder jungen Frau gucke. Es
gibt ganz viele, da nehme ich schnell den Blick wieder weg,
weil ich nicht mit ansehen kann, wie, ich sage mal, unchar-
mant die sich anziehen in der Öffentlichkeit. Aber davon
mal abgesehen, bin ich ja in der Zwischenzeit viel entspannter in der Sache und habe wirklich auch mal ganz
kurz überlegt, eine Annonce aufzugeben. Ich habe nämlich
kürzlich ältere Herrschaften kennengelernt, die sehr, sehr
sympathisch waren, und die hatten sich per Anzeige kennengelernt!«

Das sind ja mal Neuigkeiten! »Und warum hast du diese Idee wieder verworfen?«

Peter schüttelt den Kopf und runzelt die Stirn. »Ach, weil ich einfach nicht so strukturiert bin, das ist eigentlich nichts für mich. Ich bin noch nie in der Situation gewesen, dass ich jemanden über eine Annonce kennenlernen müsste. Ich würde auch nicht ›tindern‹ oder online suchen und so was alles!«

Er hört sich so angewidert an, dass ich unwillkürlich lachen muss. »Ist dir das zu … modern?«

»Nein, das ist einfach kindisch und dämlich! Das ist ja fast schon eine Art von Prostitution, die finde ich wirklich abstoßend. Aber darum geht es doch gar nicht. Die Frage, die ich mir stelle, ist, ob ab einem bestimmten biblischen Alter die Frage von Sexualität sowieso immer weniger eine Rolle spielt. Ich denke darüber nach, ob man gemeinsame Zeit nicht einfach auf mehrere Frauen verteilen sollte: Mit der einen mache ich dies, mit der anderen mache ich das, mit der dritten fahre ich Fahrrad, und die nächste darf zum Abendessen kommen.« Er überlegt und beginnt zu schmunzeln. »Ich erinnere mich gerade an ein Paar, er war schon ein lange pensionierter Dorfschullehrer über 80, und der wurde mit seiner Frau im Wald erwischt!«

Das hat meine Mutter aufgeschnappt und ruft herzhaft lachend zu uns herüber: »Na, je oller, je doller!«

Einer ihrer Lieblingssprüche. Ich möchte mir manchmal gar nicht so genau ausmalen, was sie damit meint.

Draußen geht gerade die Beleuchtung rund um die Caféterrasse an. Über vier Stunden sind schon vergangen! Erst jetzt bemerke ich, dass es um uns herum ganz leer geworden ist. Da die Bedienung langsam anfängt, die Nachbartische zu putzen, und auch unseren Tisch immer weiter abräumt, stoßen wir mit unseren Prosecco-Resten ein letztes Mal an diesem Abend an.

»Danke, dass ihr da wart, es war wirklich ein schöner Nachmittag!«, sagt Monika.

Und ich ergänze: »Und danke vor allem für eure Offenheit!« Dann tippe ich mit meinem Glas noch mal extra an das von Liljana. Ihr Michael, der heute ziemlich still war, ist gerade zur Toilette gegangen. »Sag mir doch kurz noch, wo ihr zwei euch kennengelernt habt!«

»Na, über mein Singleportal, wo ich angemeldet bin. War das erste Mal, dass ich da jemanden selbst angeschrieben habe, glaubste das? Sein Nickname war ›Maserati‹. Da war ich aber neugierig! Ich bin ja schlicht nur ›Lana‹. Aber er hat meine Anfrage irgendwie in den falschen Hals bekommen und antwortete so ganz frech, so zweideutig zurück. Na, da hab ich ihn erst mal ein paar Wochen zappeln lassen und um ihn zu testen dann eines Tages ganz spontan gefragt, ob er übermorgen Zeit hätte. Und das Treffen hat dann geklappt! Na, muss ich dir mal alles in Ruhe erzählen, komm uns doch nächste Woche besuchen, hm?!«

Wir machen direkt einen festen Tag aus. Ich möchte schließlich alles über die Liebesgeschichte von »Maserati & Lana« erfahren.

Wir verlassen beschwingt den Laden. Mein Kopf schwirrt voller positiver Gedanken. Immer mehr fügt sich wie ein Puzzle zusammen. Es ist kein soziales Manko, allein zu leben. Mama ist nicht schwierig, sondern weiß, genauso wie die anderen Frauen auch, was sie im Alter eben nicht mehr möchte – völlig normal. Und auch wenn wir ein »Produkt unserer Vergangenheit« sind, wie Andreas meinte, müssen wir uns damit noch lange nicht abfinden. Wir haben jeden Tag die Chance, uns davon zu befreien.

Ich weiß plötzlich sehr genau, was Bertolt Brecht gemeint hat, den meine Mutter zitierte. Wir müssen uns nur trauen, mit jedem Atemzug neu zu beginnen. Und am klügsten ist es natürlich, damit nicht bis zum Letzten zu warten.

Kapitel 16

Love is in the air

»Hereinspaziert, meine Liebe!« Liljana gibt mir auf meine rechte und linke Wange ein Küsschen und schiebt mich in den Flur. Hier warten schon ein paar mir bekannte Schlappen auf mich. Im Wohnzimmer steht diesmal kein Sekt auf dem Tisch, sondern eine Kanne mit dampfendem, grünem Tee.

Michael kommt mir entgegen, um mir die Hand zu schütteln. »Na, wat möchteste von uns denn wissen?«, fragt er neugierig mit Berliner Dialekt, als wir uns setzen.

Ich packe mein Aufnahmegerät aus und bin sehr gespannt, was ich gleich zu hören bekommen werde. Ich frage also direkt los: »Eure erste Begegnung im realen Leben – wie war die?«

Liljana holt sofort aus. »Also, es war ein warmer Tag, und ich kam im langen Sommerkleid mit dem Fahrrad angefahren und hab ihn schon stehen sehen am Eisstand, wo wir verabredet waren. Hab ihn sofort erkannt! Und dann? Was hast du da gedacht, als ich angebraust kam, hm?«

Liljana schaut ihren Freund herausfordernd von der Seite an. Die beiden sitzen eng nebeneinander auf der Couch, ich ihnen gegenüber.

Michael sagt schmunzelnd: »Na, Mensch, die kommt aber mit ordentlich Energie, dachte ick. Und 'ne tolle Haltung hat 'se. Und kurz darauf, als wir ›Hallo‹ gesagt haben – du hattest ja angegeben, du wärst 67, da hab ich sofort gesehen, dass das Alter nicht stimmen kann. Na, die hat die Zahlen vertauscht, dachte ich. In solchen Portalen ist ja Lug und Trug, da stimmt ja eh wenig. Aber in dem Fall fand ich das überhaupt nicht schlimm! Sie hatte ja so eine Frische und Energie, und als sie sagte, sie kommt aus Köln, da dachte ich auch: Ach, die sind doch immer lustig!«

Liljana sagt trocken: »Also, ich hab ihn auch älter eingeschätzt!«

»Ja?«, fragt Michael überrascht. »Auf meinem Profilfoto oder in natura?«

»Nein, nein, in echt. Aber ich dachte auch: ›Hey, das passt nicht schlecht, ich muss mich bei ihm nicht verstellen. Und er war groß genug und schlank, seine Silhouette gefiel mir!«

Ich bin baff, wie offen die beiden miteinander umgehen, auch wenn die kleinen Spitzen hin- und herfliegen, spüre ich, dass das nicht böse gemeint ist, sondern dass es ihre eigene, liebevolle Art des Neckens ist, die sie miteinander gefunden haben.

Michael erzählt mir, wie er nach seiner Scheidung vor 15 Jahren mit dem Online-Dating angefangen hat. Damals war er 45 und »habe wirklich nichts ausgelassen«: »Ick hab's krachen lassen!«, lacht er.

Liljana streichelt ihm über die Wange und sagt zärtlich: »Das sieht man ihm gar nicht an, oder?«

Eine Frage, die mir Michael natürlich unbedingt beantworten muss, lautet: »Und, bist du mit dem Maserati zur Verabredung gekommen?«

Liljana lacht auf und sagt, bevor Michael antworten kann: »Ha, er kam mit der S-Bahn! Das Auto steht nur in der Garage als Oldtimer und vermisst seine gute Pflege, es gab leider noch keinen Ausflug damit ...«, sie blickt ihren Freund wieder prüfend von der Seite an, er hebt entschuldigend die Schultern.

»Keine Zeit, keine Zeit«, sagt er. Der 60-Jährige arbeitet immer noch viel, unter anderem als Sachverständiger im Bauwesen. Im Gegensatz zu Liljana muss er noch sechs Jahre bis zum offiziellen Renteneintritt durchhalten.

Liljana ist gedanklich immer noch bei ihrer ersten Verabredung. »Weißt du, Magda, was mir noch an ihm gefallen hat? Er hat mich beim Spazierengehen nicht so von der Seite beobachtet und abgescannt, wie alle anderen immer. Er war wirklich ganz zurückhaltend!«

Ich stelle mir die beiden vor, wie sie nebeneinanderher gehen. Ausgerechnet Liljana scheint es zu schätzen, wenn einer auch mal schweigen kann und Äußerlichkeiten erst mal zweitrangig findet. Sie überrascht mich immer wieder.

»Beim zweiten Treffen kam er zu mir zum Kaffee und hat mir selbst gebackenen Kuchen mitgebracht! Da war ich platt! Da kann man doch nur begeistert sein, oder? Da dachte ich: Ob der vielleicht nicht nur backen kann? Kann der vielleicht auch kochen? Gut, der Kuchen war mir ein bisschen zu trocken, aber das hat sich inzwischen gebessert!«

Nach einem gemeinsamen dritten Treffen am Nacktbadestrand von Liljanas Lieblingssee war sie schließlich entflammt. Moment, sie hat Michael zum FKK-Baden eingeladen?

Für Liljana scheint es das Normalste der Welt zu sein, was zeigt, wie wohl sie sich in ihrem Körper noch fühlt. »Ja, klar, es war ja warm, und ich wollte auch sehen, wie er so reagiert. Aber er hat sich, ganz Gentleman, die Sträucher angeguckt, als ich zuerst ins Wasser bin. Na ja, und ich bin rausgeschwommen, und er kam hinterher. Da habe ich gemerkt, wie locker er im Wasser wurde und wie der Arbeitsalltag von ihm abfiel.«

Michael grinst bei dem Gedanken an diesen Ausflug. »Joa, da war ich schon kurz irritiert bei der Einladung, aber für mich ist das ja auch kein Problem. Ick bin ja aber auch Ossi und damit groß geworden, Liljana nicht, umso mehr hat mich das beeindruckt. Und ich hab gemerkt, wie wenig Zeit ich mir für solche tollen Dinge wie spontanes Badengehen genommen hatte. Ich habe einfach nur gearbeitet und wenig Freizeit genossen. Liljana hat mir wieder gezeigt, dass es da noch mehr gibt ...« Seine Augen leuchten regelrecht, als er das erzählt.

Liljana weiß noch genau, wie dieser warme Sommertag weiterging: »Er war da wieder so zurückhaltend, nicht so plump, wie viele sind, das fand ich ganz, ganz toll! Er hat nie irgendwas versucht, Arm um mich legen oder so was, was Männer dann oft starten. Und als wir dann wieder zu mir gegangen sind, na, da hab ich ihn dann geküsst! Wenn mir wat jefällt, dann will ich dat wissen«, kommt ihr rheinischer Dialekt plötzlich durch.

Die beiden kichern und schauen sich verschmitzt an.

Ich merke, dass es ordentlich knistert. Für mich wäre so eine »nackte« Verabredung in der ersten Kennenlernphase eher nichts. Belustigt hänge ich dem Gedanken nach, dass meine Mutter und auch Liljana, die ja beide in den wilden 60er- und 70er-Jahren in der Blüte ihres Lebens standen, viel freizügiger sind und mit Nacktheit weniger ein Problem haben als meine Generation. Sie mussten sich vieles erst ertrotzen, gegen das Etablierte ankämpfen. Hätte Liljana Kinder, wäre es ihnen vielleicht wie mir ergangen: Ich hatte nicht viel, wogegen ich rebellieren konnte.

Liljana zwickt Michael zärtlich ins Knie. Ich höre erstaunt, dass er schon nach wenigen Monaten bei Liljana eingezogen ist. Er hatte seine kleine Wohnung nur auf Zeit gemietet, und da bot es sich einfach an. Ich hätte nicht gedacht, dass Liljana das überhaupt, und dann auch noch so rasch, zulassen würde.

Und sie gesteht, dass es am Anfang sehr ungewohnt für sie war: »Auch durchaus mal belastend, denn du weißt, ich habe fast immer allein gelebt und da auch wert drauf gelegt. Er kam ja frisch aus einer längeren Beziehung und kannte das. Plötzlich konnte ich nicht mehr so einfach, wie ich wollte, hier rumwurschteln und meine Kleiderstangen aufstellen. Ich hab ja auch meine Stilberatung nach Hause verlegt und Kundinnen hier gehabt. Und als ich dann mal mehr zu tun hatte, da haben wir gemerkt, dass das so nicht geht. Wir standen uns auf den Füßen. Und Michael ist Frühaufsteher, der sitzt jeden Morgen um fünf Uhr schon am Schreibtisch. Was für eine Disziplin! Die habe ich auch, aber zu anderen Uhrzeiten! Na ja, jetzt hat er sich einen externen Arbeitsplatz genommen, und seitdem geht's uns wieder gut. Aber es hilft sehr, für den anderen Verständnis aufzubringen, weil wir beide immer selbstständig gearbeitet haben. Das verbindet uns, wir sind da auf einer Wellenlänge.« Sie beugt sich zu mir vor, als wollte sie ein Geheimnis loswerden: »Und Magda, der kocht und räumt auf! Wer macht dat schon!? Ich musste das sonst immer machen, und das, obwohl ich gar kein Hausmütterchentyp bin!«

Liljanas Glücksgriff grinst neben ihr in sich hinein. Ich erinnere mich gut an ihre Dating-Storys von schmerbäuchigen Pensionären, die ihr sonst was erzählt haben von ihren ehemaligen Firmen. Ich denke zurück an ihre Beschreibung der ungeputzten Schuhe und müffelnden Jacketts.

»Sag mal, wie viele Männer hast du eigentlich insgesamt so getroffen?«, möchte ich von ihr wissen.

»Boah, das kann ich nicht zählen, manchmal war es einer pro Woche, dann wieder einen Monat gar keiner, aber ich weiß, welche Zahl an meinem Postfach stand, bevor ich mich da abgemeldet habe: 1000. Eintausend Zuschriften in zwei Jahren, und da waren natürlich auch Frauenanfragen dabei. Ich hatte jeden Tag Post, das fand ich wirklich schön. Ich hatte ja die Wahl: antworten oder nicht, treffen oder nicht. Wurde es mir zu nah, die Männer zu anhänglich – und tschüss.«

Die Art, wie sie dabei mit der Hand wedelt, erinnert mich an Eckhardt und seine Vielzahl an Zuschriften. Es gibt sie also bei beiden Geschlechtern, die aktiven Vielschreiber.

»Du siehst ja oft schon an den Fotos, ob das was für dich ist«, erzählt Liljana weiter. »Männer stellen zu 70 Prozent miserable Bilder von sich rein. Ein Selfie in ihrer geschmacklosen Einrichtung und im Hintergrund noch 'ne Plastikschüssel auf dem Tisch, nee, also wirklich. Oder die sitzen mit ihrer Wampe breitbeinig da, weil sie die Beine gar nicht mehr zusammenkriegen. Mein Michael hatte einfach nur ein Porträtfoto von sich drin, von der Seite aufgenommen, schlicht und ansprechend.« Liljana lächelt Michael an.

»Und war euch bei eurer Suche immer klar, dass ihr mehr wollt als nur eine platonische Beziehung? Also wie wichtig ist euch die erotische Anziehung noch?«

Ich muss schmunzeln, denn Liljana antwortet wieder zuerst: »Na, sehr wichtig! Die muss da sein, klar!«

Michael grinst, als habe er meine Gedanken gelesen, und sagt: »Ich wollte diesmal alles anders machen und habe es einfach auf mich zukommen lassen. Ohne Hintergedanken, wirklich.«

»Ja, das war zu merken«, kommentiert Liljana. »Das fand ich ja gerade so spannend bei dir.«

Als die beiden sich verliebt ansehen, wird mir ganz warm ums Herz. »Und, wollt ihr noch mal heiraten?«

Beide lachen laut und sagen fast gleichzeitig: »Nee!«

Und Liljana feixt: »Außerdem haben wir doch noch ganz viel Zeit, uns das zu überlegen!«

»Okay, dann keine Heirat, aber was steht noch auf eurer gemeinsamen To-do-Liste?«, möchte ich wissen.

Michael zieht seine Freundin eng an sich, schaut mich intensiv an und sagt in gespieltem Ernst: »Wir wollen noch mal ein Kind!«

Diesmal lachen wir alle drei.

Liljana boxt ihn in die Seite und sagt, als wäre das noch eine Option: »Na, Quatsch! Nein! Aber wir wollen noch mal in die Wärme reisen, und wir träumen von einem Häuschen am See in Brandenburg! Aber natürlich können wir da keines mehr bauen, da geht zu viel Zeit verloren, das müssen wir uns natürlich, trotz allem Optimismus, vor Augen halten. Und es muss etwas sein, das nicht zu viel Pflege braucht, auch der Garten darf nicht zu groß sein. Und ich würde eine kleine Wohnung in der Stadt behalten, also das brauche ich! Aber eine gemeinsame Datsche ...« Sie wiegt sehnsüchtig ihren Kopf bei dem Gedanken, und Michael ergänzt: »... das wäre was!«

Wir sprechen noch gaaaanz kurz über Sex (dazu mehr im nächsten Kapitel), und dann lasse ich die beiden Turteltäubchen wieder alleine. Irgendwie finde ich es bemerkenswert, dass sich ein 60-Jähriger und eine 76-Jährige übers Internet nicht nur kennen-, sondern auch lieben gelernt haben.

Liljanas Worte zum Abschied hallen in mir nach, und ich sehe wieder ihren schmalen Flur vor mir, die weißen Hotelbadelatschen, die ich bekommen habe und die im Wandschrank verschwinden, sobald auch ich weg bin. »Weißt du,

Magda, wenn man sich in so fortgeschrittenem Alter noch begegnet und noch so viele Dinge passen wie bei uns, dann ist das ein Geschenk, das man pflegen muss. Denn das ist selten geworden. Und man wird öfter, als einem lieb ist, daran erinnert, ob und wie lange es wohl noch gut gehen könnte. Du hörst von überall: Der ist gestorben, war erst 66. Oder die, mit 64. Mein Bruder, der war gerade erst berentet, hatte sein Leben lang geackert, und dann, zack, hat ihn der Krebs erwischt. Da denke ich: Verdammt, Liljana, genieße das Leben und wertschätze, was du hast.«

Nach diesem inspirierenden Gespräch fliegen tausend Gedanken durch meinen Kopf. Ich spüre, wie ich das Alter sowohl von Liljana, aber auch von meiner Mutter oder Rita mit seinen Konsequenzen ausblende. Alle drei gehören zur Kategorie »rüstige Rentnerinnen«, und das lässt mich ihre Vergänglichkeit problemlos vergessen. Aber natürlich ist ihre Zeit absolut begrenzt. Ich zucke bei diesem Gedanken zusammen. Freue mich umso mehr für Liljana und ihr spätes Glück. Wenn meine Mutter plötzlich mit einem 60-Jährigen um die Ecke käme? Frisch vom FKK? Das heitert mich wieder auf, ich glaube, Monika wäre dafür auch zu haben. Allerdings wäre sie zu ungeduldig, um im Internet die Nadel im Heuhaufen zu suchen. Lange E-Mails sind nicht ihr Ding, und ein Mann, der ihre Sätze vervollständigt? Schwierig. Ein Häuschen in Brandenburg braucht sie natürlich auch nicht, aber vielleicht eines am Meer? Ihrem Sehnsuchtsort. Dazu jemanden, der spontan ist, aktiv, klug und kulturbegeistert ... Ist das vielleicht doch zu viel verlangt?

Ich beschließe, noch Mamas 77-jährige Freundin Sybille zu interviewen, um herauszufinden, wie man sich eine erfüllte Beziehung bis ins hohe Alter hinein bewahrt. Sybille ist seit 35 Jahren mit ihrem Mann zusammen, seit 25 Jahren sind die beiden verheiratet, und wie sich herausstellt: Sie sind total glücklich dabei. Nicht, dass ich jedem Longterm-Paar das abspreche, im Gegenteil. Aber ich könnte mir vorstellen, dass ich etwas lernen kann von Sybille und ihrem Mann, aus ihren Krisen und ihrem Umgang damit.

Sybille war 45, als sie ihren dritten Ehemann Otto in einer Ausstellung kennengelernt hat. Er sprach sie an, sie fachsimpelten, und danach lud er sie zum Essen ein – peng. Wie im Bilderbuch. Allerdings hatte Sybille da bereits vier Kinder zur Welt gebracht – und zwei Ehemänner verlassen –, das ist weniger Bilderbuch als mutig. Und Otto war 50 und hatte einen Sohn, war aber, wie Sybille auch, geschieden.

Zwei Menschen mit wechselvoller Geschichte. Wie kann da das »Beziehungsgeheimnis« aussehen?

Auf meine Frage antwortet Sybille zuerst scherzhaft: »Otto ist doch Sonderpädagoge für Schwererziehbare, nur deshalb haben wir es so lange miteinander ausgehalten!« Sie lacht herzlich. »Okay, Spaß beiseite, weißt du, wir sind eigentlich sehr unterschiedliche Charaktere. Otto ist die Ruhe selber, aber es war genau das, was ich mochte, und er erdet meinen nervösen Charakter noch heute.«

Reicht das aus? Wenn Topf und Deckel so verschieden sind, dass sie einander anziehen – und zusammenpassen?

»Wir haben natürlich gleiche Interessen wie unsere Liebe zur Musik oder unsere Reiselust. Und ich denke, warum wir uns so gut verstanden haben und noch immer verstehen, hängt damit zusammen, dass wir uns beide immer unsere Freiheiten zugestanden haben. Es gibt ein tiefes Vertrauen zwischen uns. Otto kann seinen Interessen nachgehen und ich meinen. Wir können uns dann darüber austauschen und mal etwas gut oder auch nicht so gut finden, was der andere macht, aber wir sind schon immer sehr tolerant miteinander umgegangen.«

Bei »unseren Freiheiten« werde ich hellhörig. Ich möchte wissen, ob sich das auf alle Bereiche bezieht – auch auf Sex?

Sybille antwortet, ohne zu zögern: »Weißt du, ich bin eher der monogame Typ, aber ich hätte kein Problem, wenn Otto meinen würde, er müsste sich ein schnelles Vergnügen suchen. Aber ich selbst bin dafür nicht gemacht«, sie schüttelt lächelnd den Kopf, während sie das sagt.

»Also eure Freiheiten beziehen sich eher auf eure Freizeit und eure Hobbys?« Ich will sicher sein, dass ich das richtig verstanden habe.

»Ja, genau, und es gibt bei uns nicht so etwas wie Nachfragen à la: ›Wo warst du schon wieder, und was hast du mit wem gemacht?‹.«

Sybille mimt dabei einen eifersüchtig nachfragenden Ehemann mit zickigem Tonfall. Sie spricht mir aus dem Herzen. Ich kann mit Eifersuchtsszenen des Partners auch wenig anfangen. Dass Sybille ihrem Mann so offen Seitensprünge zugesteht, überrascht mich weniger, eher imponiert mir diese Einstellung. Diese offene Art des Umgangs in einer Beziehung finde ich sehr fortschrittlich, denn dann findet das Trennungsthema Nummer eins, Untreue, wenig Nahrung. Das funktioniert natürlich nur, und das ist wohl das Beziehungsgeheimnis der beiden, wenn es ein tiefgehendes Vertrauen in die gemeinsame Liebe gibt. Gerade auch jenseits körperlicher Bedürfnisse. Ich stelle mir vor, dass das trotzdem nicht immer so einfach ist, wie Sybilles Worte es scheinen lassen. Hört das mit der Eifersucht ab einem bestimmten Alter auf? Weil dann andere Dinge wichtiger sind? Man gelassener geworden ist? Ich stelle mir vor, ich wäre über 70. Schlurfe mit meinem Mann, in Skinny-jeans zu neuen Sneakern und mit verblichenen und faltig am Arm hängenden Tattoos durch meinen Kiez und treffe andere alte Freunde mit ihren ebenso zerknautschten Haut-malereien. Wir schieben unsere tiefergelegten Rollatoren zum nächsten Szenecafé. Auf einen Kurkuma-Latte mit Ha-fermilch. Soll ja gesund sein. Aber hoffentlich kann ich mir diesen Luxus überhaupt leisten als Rentnerin! Plötzlich bin ich ziemlich sicher, dass dieses schale Gefühl aus Jugendta-gen namens Eifersucht keine Rolle mehr spielen wird. Eher werden mich Existenzängste plagen, wie ich mich kenne. Aber, und diese Gewissheit breitet sich gerade wohlig warm über alle Zweifel wie ein Schluck warmer Eierpunsch im Winter: Ich werde gelassener sein. Das fühlt sich gut an.

Ich frage Sibylle nach Ehekrisen. Doch sie schüttelt wie-der ihr braun gefärbtes Haar. Der Kurzhaarschnitt lässt sie jünger aussehen.

»Nein, wir hatten wirklich keine Krisen. Natürlich strei-ten wir mal, aber es ist nie existenziell. Wir streiten nie, wie der andere die Kartoffeln schälen soll. Wenn, dann sind es Ansichtssachen, aber dann reden wir darüber, und dann lassen wir den anderen auch. Man muss ja nicht immer die gleiche Meinung haben! Es gibt einfach dieses Grundver-trauen und die Gewissheit, dass wir uns beide sehr wohl-fühlen in unserer Beziehung. Es hängt sicher auch damit zusammen, wie und wann wir uns kennengelernt haben. Meine zwei jüngsten Kinder waren ja noch nicht ganz aus dem Gröbsten raus, als meine Ehe damals in die Brüche ge-gangen ist. Und Otto war stets an meiner Seite, wenn es Probleme gab. Er war immer, wirklich immer für meine Kinder da und hat mit mir zusammen stets nach Lösungen gesucht. Und ich war einfach an einem Punkt in meinem

Leben angekommen, wo Ottos ruhige und überlegte Art wie ein Ruhepol für mich war. Das war das, was mir guttat, und eben nicht nur damals.«

Ich denke eher laut, als dass ich sie frage: »Wahrscheinlich habt ihr euch genau zum richtigen Zeitpunkt getroffen ...« Sybille nickt bestimmt. »Oh, ja, das haben wir definitiv. Ich glaube nicht, dass es mit uns funktioniert hätte, wenn wir uns zehn Jahre eher getroffen hätten. Otto wäre mir wahrscheinlich zu besonnen gewesen. Aber so hatten wir beide schon viel erlebt und wussten genau, was wir am anderen haben.«

Sybille klingt so relaxt dabei, dass ich mir wirklich weniger Sorgen um mein eigenes Älterwerden mache. Und sie spiegelt eine innere Gelassenheit wider, die ich von meiner Mutter kenne. Nur eben in der Variante ohne Mann. Beim Thema Sex ist Sybille so direkt wie ihre gute Freundin Monika. Auch, wenn das zwischen den Freundinnen kein Gesprächsthema mehr ist. Aber zwischen Sybille und mir.

Offen erzählt sie, dass Otto und sie immer noch gemeinsam in einem Bett und auch miteinander schlafen. Natürlich nicht mehr ganz so wild wie früher. »Je älter du wirst, desto schläfriger wird man, wie du dir sicher vorstellen kannst, aber es finden sich immer wieder Lösungen. Aber Sex gehört doch dazu!« Sybille lacht mädchenhaft.

Ich lächle sie an: Es gibt sie also, die rundum erfüllte Beziehung bis ins hohe Alter, Kompromisse hin oder her – hier herrscht Einverständnis. Nächsten Monat fliegen die beiden nach Paris. Einfach so, weil sie lange Zeit nicht mehr dort waren. Sie mit 77, er mit 82. Unternehmungslustig sind sie – und nicht umsonst steckt da ja auch das Wort Lust mit drin.

Kapitel 17

Let's talk about sex (explicit!)

Eltern, die ein Sexleben haben? Das wollte man früher auf gar keinen Fall wahrhaben. Noch weniger wollte man es so genau wissen. Eltern haben bitte schön asexuell zu sein. Auch wenn ich mit 13 keinen Schimmer hatte, dass dieses Wort existiert. Als meine Mutter zu meinen Teenagerzeiten mal eine Affäre mit einem Musiker hatte und beide manchmal, wenn ich aus der Schule kam, hörbar noch im Schlafzimmer zugange waren, hätte ich im Strahl brechen können. Widerlich fand ich das. Da war wieder so ein tiefehrliches Kindheitsgefühl von Ablehnung. Das war einfach *too much information*. Bei meinen Recherchen für den Podcast entdecke ich den Spruch: »Das Kapellchen mag noch so alt sein, das Glöckchen kann immer noch läuten.«

Na, herzlichen Glückwunsch. Sofort spüre ich den gleichen Widerstand wie in Teenagertagen. Wenn ich könnte, würde ich an dieser Stelle das Affen-Emoji, das sich die Augen zuhält, einfügen. Das ist natürlich ein sehr kindlicher Reflex und totaler Quatsch. Schließlich bin ich lange genug auf dieser Welt, um mit absurd-verstörenden Wahrheiten umgehen zu können: Donald Trump könnte ein zweites Mal Präsident werden, Promis lassen sich splitterfasernackt bei der Partnersuche filmen, Toilettenpapier duftet nach Zimtsternen, und es gibt immer noch Menschen, die Klimawandel und Holocaust leugnen – also natürlich haben alte Menschen auch Sex, und es ist ihr gutes Recht. Auch, wenn man mit ihnen verwandt ist.

Wie oft im Alter das Glöckchen geläutet wird, haben 2017 Psychologen der Technischen Universität Braunschweig im Auftrag des *Deutschen Ärzteblatts* herausgefunden. Dafür wurden rund 2500 Deutsche zwischen 14 und 100 Jahren nach ihrem Sexleben befragt. Während die 50- bis 60-jährigen Männer auf 34-mal Sex pro Jahr kamen und die Frauen auf 22, waren es bei den 60- bis 70-Jährigen nur noch 17 sexuelle Kontakte im Jahr bei den Männern und 14 bei den Frauen. »Man wird schläfriger«, wie Sybille es nannte. Hier hätten wir den Beweis. Wobei ich so circa alle drei bis vier Wochen Sex in diesem Alter immer noch bemerkenswert finde. Ich bin sicher, dass einige jüngere Paare, besonders die mit kleinen Kindern, nicht unbedingt öfter zum Glockenläuten kommen.

Bei der Berliner Altersstudie II (BASE II), deren Daten zwischen 2009 und 2013 erhoben wurden, hatten Forscher die Angaben von 1514 Personen im Alter zwischen 60 und 82 Jahren mit denen von 475 jüngeren Erwachsenen zwischen 22 und 36 Jahren verglichen. Auch hier zeigte sich: Ältere Menschen sind im Durchschnitt zwar weniger sexuell aktiv und haben weniger Gedanken an Sex als jüngere, aber im Erleben von Gefühlen wie Intimität und Geborgenheit gibt es zwischen Jung und Alt nur sehr geringe Unterschiede.

Und immerhin gab fast ein Drittel der 60- bis 80-Jährigen an, häufiger sexuell aktiv zu sein als der Durchschnitt der 20- und 30-Jährigen. Der Grund: weil sie in einer festen Partnerschaft sind.

Die Wissenschaftler fanden in den Studien übrigens auch keinen Hinweis darauf, dass die Lust auf Sex ab einem bestimmten Alter rapide nachlassen würde.

Vielleicht muss dieser Lust nur mehr Gehör geschenkt werden? Beziehungsweise Gespür. Oder verlagert sie sich auf neue Hobbys?

Zumindest haben ältere Frauen inzwischen ein umtriebigeres Sexleben als noch in den 70er-Jahren.

Wie sich die sexuelle Entwicklung der Silver Ager im Laufe der Zeit gewandelt hat, konnten schwedische Wissenschaftler der Universität Göteborg in einer Langzeitstudie vor zwanzig Jahren zeigen. Sie befragten 1500 schwedische Männer und Frauen von 1971 bis ins Jahr 2000 und kamen zu dem Ergebnis, dass die sexuelle Zufriedenheit der über 70-Jährigen besonders bei den Frauen stark angestiegen ist. Gaben 1971 nur 0,8 Prozent der Frauen und 50 Prozent der Männer an, noch »sexuell aktiv« zu sein, waren es im Jahr 2000 bei den Frauen immerhin 13 Prozent und 69 Prozent der Männer über 70. Als Erklärung führten die Wissenschaftler an, dass mehr 70-jährige Frauen als noch vor 30 Jahren einen Lebenspartner hätten. Und fast 100 Prozent der 70-Jährigen gaben an, gerne noch ein erfülltes Sexualleben zu führen, wenn es die Umstände zuließen (also in einer Partnerschaft zu leben und körperlich fit genug zu sein). Siebzig Prozent der über 60-jährigen Frauen, aber nur 30 Prozent der über 60-jährigen Männer waren zu dem Zeitpunkt der Studie alleinstehend.

Daran hat sich auch heute kaum etwas geändert. Durch die schon erwähnte höhere Lebenserwartung unseres Geschlechts kommen im Alter 70–79 nur zwei Männer auf drei Frauen. Und da Frauen oft ältere Partner haben, macht es die Sache wirklich nicht einfacher. Das führt nämlich dazu, dass 75 Prozent der über 65-jährigen Männer verheiratet sind, aber lediglich 28 Prozent der gleichaltrigen Frauen. Die meisten Frauen dieser Altersgruppe sind dann bereits verwitwet. Ist das die Erklärung dafür, dass im Vergleich immer noch nur so wenige Frauen im Alter ein befriedigendes Sexleben führen? Weil es einfach zu wenige Männer gibt? Und über Selbstbefriedigung im Alter gibt es kein Datenmaterial – zumindest kein statistisches. Über dieses Thema spricht man ja auch noch nicht allzu lange so offen. Aber wenn das Verlangen laut Wissenschaft nicht nachlässt, dürfte doch auch die »Selbstliebe« kaum weniger werden. Oder?

Ich recherchiere über sexuelle Lust im Alter und über Selbstbefriedigung. Dabei gelange ich in das Internetforum eines sogenannten Netdoctors. Man kann sich dort über Krankheiten und alle möglichen körperlichen Fragen aus- tauschen. Dort hatte sich ein ellenlanger Austausch unter Männern entfacht, weil ein 74-jähriger Senior sich Sorgen um die Quantität seiner Masturbation machte. Er bekam dafür ausschließlich Zuspruch. Nach dem Durchforsten der sehr detaillierten Antworten war ich etwas baff über die Rolle der Ehefrauen.

Hier kommt ein Auszug der, ich nenne sie mal »Mastur- bationsgruppe Ü-60«, wobei nicht mit dem W-Wort gespart wird.

> Ich bin 61 und stolz darauf, dass mir noch einer steht, meine Frau weiß damit nichts mehr anzufangen oder sehr wenig, sie ist erst 54 und hat aber den Sex zum großen Teil eingestellt. Sie muss arbeiten, daher habe ich über Tag viel Zeit zum Wichsen, und ehrlich, heute wichse ich fast lieber, als mit meiner Frau zu schlafen. Ich finde das heute viel geiler als noch vor vielen Jahren.

Die Frau hat »den Sex eingestellt«, das klingt so distanziert, dass es mich ehrlich gesagt nicht wundert, dass diese Frau, zumindest zu Hause, keine Lust mehr hat!

Und auch bei Heinz, 67, stellt sich die Frage, was die beiden wohl noch verbindet, nach Emotionen klingt es jedenfalls nicht. Er schreibt:

> Ich wichse auch gern und viel, aber würde viel lieber mit einer aufgeschlossenen reifen Frau Verkehr haben. Leider findet man dazu kaum eine Gelegenheit. Die eigene ist leider fast sexfeindlich geworden, und wenn sie sich mal »herablässt«, mir »den Gefallen zu tun, den ich ja wohl brauche«, dann mag ich auch kaum noch mit ihr. Das ist für mich kein Sex, wie ich ihn mir wünsche.

Ich kann gar nicht aufhören weiterzulesen. Seite um Seite schildern die Senioren Ähnliches, mit kleinen Variationen. Bordi73:

> Ich habe mein Leben lang regelmäßig und viel masturbiert. Auch während der gut vierzig Jahre in der Ehe. Da musste ich es aber immer heimlich machen. Nun bin ich Rentner und zu Hause. Vor einigen Jahren kam überraschend meine Frau dazu und war sehr erstaunt. Wir sprachen darüber, und nun kann ich es ungehemmt jederzeit tun, da sie keine Lust mehr auf Sex hat.

Ich will gerade aufspringen, um mir ein Glas Wasser zu holen und das Gelesene für mich einzuordnen, als ich noch bei »Roni75« hängen bleibe, weil sich viele Männer unter seinem Kommentar direkt auf ihn beziehen. Dieser Roni schreibt auch erst, dass seiner Frau im Laufe des Älterwerdens die Lust abhandengekommen sei, sie aber als Paar nun einen anderen Umgang miteinander pflegen würden: Sie kuscheln jeden Morgen intensiv, und wenn Roni nach dem Frühstück Lust verspürt, schaut er sich im Wohnzimmer einen Porno an und besorgt es sich dabei. Das sei ein »ganz normaler Tagesablauf«.

Ich stelle mir vor, wie seine Frau ganz entspannt nebenbei Zeitung liest und sich freut, dass es ihrem Mann nach diesem Tages(höhe)punkt gut geht. Die beiden haben offenbar einen sehr ehrlichen und vertrauensvollen Umgang mit ihrer unterschiedlichen Lust gefunden – toll.

Roni75 erntet viel Anerkennung für seine »tolerante Frau«. Als hätte er einfach Glück gehabt. Dass das aber etwas mit Respekt und Vertrauen und echtem Interesse am anderen zu tun hat, und zwar auf beiden Seiten, das will ihm hier keiner zugestehen. Ich verlasse diese aufschlussreiche Seite und will gerade meinen Laptop zuklappen – ähm, nur noch ein Kommentar ... o. k.?

Diesen allerletzten, wertvollen Tipp für die männlichen Leser dieses Buches möchte ich nämlich nicht unterschlagen. Mario71 schreibt:

> Mein Freund und ich (beide in Rente) masturbieren gerne zusammen. Macht Spaß. Aber: immer mit Kondomen, wegen der Flecken auf der Polstergruppe.

Ob ich je wieder unbefangen auf der Couch eines älteren Paares sitzen kann? Ohne mir mein eigenes Kissen unterzulegen ...?!

Aber mal Spaß beiseite. Was mich irritiert bei all diesen Posts, waren die Aussagen, die den Schluss nahelegen, dass

Frauen jenseits der 50 doch lustlos werden! Soll hier die Deutungshoheit der Männer über die Lust ihrer Frauen tatsächlich so stehen bleiben? Diese einfallslose Interpretation? Keiner der Herrschaften zieht den Gedanken in Betracht, dass ihre Frauen zwar noch Lust haben, aber vielleicht nicht (mehr) auf den eigenen Mann. Oder sind vielleicht viele Frauen inzwischen selbst davon überzeugt, dass sie nach der Menopause auf Sex verzichten können und wollen? Komplett, auch mit sich allein? Dabei kann ich mir gut vorstellen, dass sie noch einmal den (Sex-)Himmel auf Erden erleben könnten, wenn ein Mann, ob jetzt der eigene oder eben ein anderer, ihr Feuer nur einfühlsam wieder entfachen würde. Oder interessiert sich nicht nur ein Großteil der Männer für jüngere Frauen, sondern auch ältere Frauen für jüngere Männer – weshalb sie die eigenen Ehemänner irgendwann links liegen lassen (im wahrsten Sinne des Wortes)? Und warum gibt das keine offen zu? Gut, außer Liljana. Und natürlich Heidi Klum. Die jüngere Version von Liljana, denke ich amüsiert. Und stelle nach kurzer Google-Befragung fest, dass auch Heidis Ehemann (Tom Kaulitz) 17 Jahre jünger ist als sie – genau wie bei Liljana und Michael!

Ich durchstöbere weiter das Internet, um Bestätigung oder Widerlegung für die Lustlosigkeit der Ehefrauen zu finden. Im Forum eines Frauenmagazins entdecke ich schließlich den weiblichen Gedankenaustausch zum Thema unter der Überschrift: »Wie verändert sich die Lust auf Selbstbefriedigung bei einer Frau im Alter?«

Luna, die sich als »nicht mehr jung und noch nicht alt« bezeichnet, hat diesen Thread aufgemacht und möchte wissen, ob die Lust auf Selbstbefriedigung »irgendwann verschwindet«. Da man erst seit den letzten Jahren überhaupt über Sexualität im Alter spricht, sei bei ihr diese Frage auch aufgekommen, vor allem nach einem Krimi, den sie gesehen hatte und in dem sich ein ehemaliges Liebespaar, beide über 60, nach langer Zeit wiedergetroffen hatte und übereinander hergefallen war. Luna schreibt: »Ich frage mich, ob das realistisch dargestellt war. Oder verschwindet die Lust, sich selbst zu berühren und einen Orgasmus zu haben, irgendwann komplett?«

Auch unter diesem Post entspinnen sich seitenlange Antworten, die allerdings deutlich differenzierter sind als bei den Männern, auch dafür hier ein paar Beispiele. Eva schreibt:

> Hallo, also ich mache es mir immer mehr gerne selber, seit ich älter bin und vor allem auch keine Pille mehr nehme!

Runa findet:

> Man ist »hemmungsloser«. Vielleicht auch, weil man denkt, es könnte bald ganz vorbei sein.

Und Annegret antwortet einer Dame, die mit ihrem alten Körper hadert:

> Äußerliche, körperliche Veränderungen spielen doch gerade bei der Masturbation so gar keine Rolle, oder? Und meine bevorzugten Stellungen mit mir allein sind vor allem bequem. Das meiste läuft sowieso im Kopf ab, und zwar ohne dass ich dafür einen Kopfstand oder Spagat machen muss.

Das ist natürlich sehr überspitzt dargestellt von Annegret mit dem Kopfstand, dennoch trifft sie den Nagel auf den Kopf und zeigt auf, worin eben der vielleicht größte Unterschied in der weiblichen und männlichen Sexualität liegt – bei uns findet sehr viel im Kopf statt. Das bestätigen auch ein paar andere Frauen, die nach wie vor Spaß am Sex haben. Vielleicht »dauert es manchmal alles etwas länger«, schreibt Ruth, an Intensität und Häufigkeit habe sich nichts geändert. Else schreibt, sie hätte es erst »im Sinne meiner Partnerschaft« bedauert, dass ihre Libido weniger wurde. Aber: »Sie kam dann ganz von alleine wieder«.

Ich verschlinge die Kommentare, lasse keinen aus, Seite für Seite. Die Frauen, die schreiben, dass ihnen ihre Lust wirklich komplett abhandengekommen ist, finde ich nicht. Eher noch haben sich die Interessen verlagert, und Qualität geht eben jetzt vor Quantität.

Erst nach dem Kommentar von Anne höre ich auf weiterzulesen. Sie schreibt:

> Selbstbefriedigung ist für mich (Ü-70) immer noch wichtig. Mein »Partner« liegt in meinem Nachtschränkchen und funktioniert immer (Batterien sind immer genügend da). Übrigens, ich hatte während meiner »wilden« Zeit mit Männern nie einen vaginalen Orgasmus, erst jetzt im Alter mit meinem Spielzeug dauert es höchstens drei Minuten, bis ich einen wunderbaren vaginalen Orgasmus habe ... Das Leben ist herrlich!!

Was für ein letzter Satz, was für eine sexuelle Revolution für diese Frau. Vor meinem geistigen Auge sehe ich eine lachende, vitale Frau, die mit jeder Falte pure Lebenslust ausstrahlt.

Ich bin wieder versöhnt. Aber als ich lese, wie sich die Frauen da austauschen, fällt mir plötzlich auf, dass nur eine einzige Frau einen Partner erwähnt. Sonst niemand. Sind wirklich alle alleinstehend? Davon kann ich nicht ausgehen, denn auch das ist kein Thema. Oder ist es so, dass Frauen die Selbstbefriedigung sowieso in einer Parallelwelt stattfinden lassen? Eben im Kopf? Und wenn sie sich dabei befriedigen, bleiben ihre Männer außen vor. Und denken womöglich, die Gattin sei »sexfeindlich« geworden.

Ich spiele mit dem Gedanken, die Männer aus dem einen Blog mit den Frauen aus dem anderen zu konfrontieren. Na, die hätten sich was zu erzählen! Oder anders formuliert: Sie sollten sich mal was erzählen. Schade, dass in dieser Generation gerade in einer langjährigen Partnerschaft nur selten über die sexuellen Bedürfnisse miteinander gesprochen wird. Aber ich bin zuversichtlich, was alle nachkommenden »alten« Paare angeht, wir sind ja inzwischen wirklich schon viel, viel weiter.

Apropos. Weiter mit »meinen« Frauen. Wie war denn Liljanas erstes Mal mit Michael, und wie geht es meiner Mutter, die doch so »touchy« ist, wie sie sagt, so ohne körperliche Nähe?

So wenig, wie meine Mutter online datet, so wenig würde sie irgendetwas im Netz schreiben. Leider. Denn das würde mir jetzt einen erhöhten Herzschlag ersparen. Auch fast 25 Jahre nach Mamas Affäre mit dem Musiker kommt mir die Frage, die ich ihr stellen möchte, nicht gerade leicht über die Lippen. Es hilft, dass wir uns nicht gegenüber, sondern nebeneinander sitzen. So kann ich geradeaus die Wand anstarren, und das Mikrofon in meiner Hand erteilt mir in diesem Moment gleichsam die Absolution für unvermeidliche Fragen.

»Du hast ja anfangs mal gesagt, dass Sex in einer heutigen Beziehung auch noch eine Rolle spielen würde. Und dass das erste Mal vielleicht seltsam wäre. Wie, würdest du sagen, hat sich denn deine Lust im Laufe des Alters verändert? Und wie stehst du heute zu deinem Körper?«

Meine Mutter nickt bedächtig und denkt nach. Ich muss an die Schildkröte eines Freundes denken, die ich so gern beobachte, wenn sie in seinem Garten gemächlich an einem Salatblatt kaut. In sich ruhend und konzentriert.

»Mmmh, also meine Libido ist natürlich ruhiger geworden, aber nicht verschwunden. Aber nach wie vor habe ich lieber gar keinen Sex als schlechten. Gerade auch, weil man sich natürlich selbst überhaupt nicht mehr als so schön empfindet. Also ich mich jedenfalls nicht. Da überlege ich natürlich genau, vor wem ich mich noch ausziehe. Ich finde so einen alten Körper wirklich nicht gerade schnuckelig, meinen eigenen eingeschlossen. Andererseits sieht der andere ja heute auch nicht anders aus. Und dieses Bedürfnis nach Berührung, nach Nähe und Wärme, das bleibt ja bis ins hohe Alter, und da trifft man sich dann wieder.«

Meine Mutter bestätigt meine Netzrecherchen, und ich merke, wie ich aus meiner journalistischen Rolle der Fragestellerin mal wieder herausfalle. Ich möchte ausblenden, dass meine Mutter in dieser Weise bedürftig sein könnte, und flüchte mich in eine andere, zugegeben oberflächlichere Überlegung.

Da wir beide einen ausgeprägten Sinn für Ästhetik haben – und sie mir schon gesagt hat, dass ältere Körper sie nicht unbedingt anziehen –, bohre ich weiter: »Aber könntest du jemand Neues trotzdem attraktiv finden, auch wenn er sich dann ausgezogen hat und du sein Alter in voller Pracht vor dir siehst?«

Mama überlegt wieder und sagt dann langsam: »Ich denke ... das ist anfangs vielleicht schwieriger, als wenn du zusammen mit deinem Partner alt geworden bist. Dann siehst du den ja sowieso ganz anders. Aber ich habe mich ja eh nie nur in Äußerlichkeiten verliebt, sondern mich haben vor allem immer Männer mit Geist fasziniert. Also der Kopf ist das Wesentlichste für mich, und wie ein Mann denkt: ob er schnell und großzügig denken kann. Und wenn das heute noch stimmt, dann kann das mit dem Körper keine so große Rolle spielen, weil ja dann die Faszination aus anderen Dingen besteht, glaube ich. Und ich denke, das entwickelt sich ja heutzutage auch eh viel langsamer. Man plumpst ja nicht mehr mit einem One-Night-Stand ins Bett!«

Bei dieser Vorstellung müssen wir lachen: Wie Mama mich morgens anruft und mir von ihrer heißen Nacht mit einem, nennen wir ihn Willi erzählt, den sie im Café Keese am Abend zuvor abgeschleppt hat. Zutrauen würde ich es ihr absolut, denn ihre nächste Antwort beweist, dass sie nichts von ihrer emanzipierten und unkonventionellen Art eingebüßt hat. Zumindest in ihrem Geist.

»Würdest du heute auch noch beim ersten Date knutschen, oder macht man das in deinem Alter nicht mehr?«, frage ich feixend von der Seite.

Wieder lacht mich meine Mutter an. »Quatsch. Es gibt und gab da nie Regeln für mich. Du weißt doch, mir sind gesellschaftliche Konventionen sowieso egal. Entweder, oder. So, wie ich auch gelebt habe. Entweder er hat mich rein sexuell interessiert, und dann ist eh alles andere wurscht, oder bei den ernsthafteren Beziehungen hat sich das eben dann entwickelt, weil andere Dinge im Vordergrund standen«, sie schaut mich neugierig an, bereit für die nächste Frage, als wären wir hier in einer Quizshow.

Ich bin noch beim One-Night-Stand und frage mich, ob es dazu wohl auch so ausführliche Threads unter Senior*innen im Netz gibt. (Nachtrag: nein). Aber dann gehe ich lieber darauf ein, welche Konventionen meine Mutter dann doch beachten würde. »Würdest du das Licht an- oder lieber ausmachen, Mama?«

Monika lacht auf. »Na, jetzt willst du es aber ganz genau wissen! Keine Ahnung, um ehrlich zu sein. Vielleicht würde ich mir eher etwas Besonderes anziehen, anstatt ans Licht zu denken. Etwas, was Dinge zulässt, aber doch auch noch ein bisschen was verhüllt ...«

Ich stutze. »Äh, meinst du, zulassen im Sinne von geschlossen?« Ob das klar geworden ist? Die Kleidung zu lassen, um nichts zuzulassen. Ups, ich merke selbst, dass ich mich in Sprachspielereien flüchte, aber Mama zeigt keine Scheu.

»Nein, im Sinne von ›geschehen lassen‹. Nicht im Sinne von ›nicht offen‹ sein. Sexualität ist für mich völlig tabufrei, früher schon, und ich denke, daran hat sich heute auch nichts geändert.«

Ich gebe dem kleinen Affen-Emoji in meinem Kopf einen heftigen Klaps.

Mama plaudert munter weiter. »Oder vielleicht bin ich auch inzwischen total verklemmt! Nee, glaube ich eigentlich nicht. Aber natürlich geht man heute einfach behutsamer an die Sache ran.«

Ich stelle mir ihr Pendant vor. »Männer in deinem Alter sind ja bestimmt auch unsicher, ihr trefft euch ja wahrscheinlich ziemlich auf der gleichen Ebene.«

Mama nickt. »Genau, und ich denke, das ist wirklich eine Geschichte, die sich entwickelt. Und was ich bereit bin zuzulassen, das kommt auch stark auf den Mann an. Wenn er mir nicht gefällt, dann passiert eh nichts! Aber ich finde, dass Sex dazugehört. Sollte ich mich verlieben, gehört er natürlich dazu!« Mama schaut mich verschmitzt von der Seite an und sagt mit übertriebener Großspurigkeit in Gesten und Stimme: »Ich muss ja meine Erfahrung auch irgendwie mal wieder unterbringen!« Sie kichert herzhaft.

»Sex verlernt man ja nicht, oder?«

Meine Mutter schüttelt energisch den Kopf. »Neeee! Also entweder du hast es, oder du hast es nicht!«

Jetzt lache ich laut auf, über diese Type, die meine Mutter ist. »Und du hast es, ist ja klar, Mama! Das ist wie mit dem Tanzen, oder?«

»Genau, wenn du einen guten Tänzer oder eben Liebhaber hast, der dich mitnimmt, dann ...« Sie unterbricht sich und ruft: »Mensch, Magda, das ist ja ein Thema! Dass wir uns darüber noch mal unterhalten, hätte ich auch nicht gedacht!«

Ein wenig bin ich erleichtert, denn dieses Gespräch mit Mama hatte ich nun schon eine Weile vor mir hergeschoben. Meine Mutter gehört also zu jenen Frauen, die der körperlichen Liebe noch nicht abgeschworen haben wie angeblich so viele, deren Ehemänner deshalb täglich ganz allein der Selbstbefriedigung frönen müssen. Natürlich verläuft die weibliche Lustkurve auch im Alter anders als die der Männer, und, was auch zu lesen war: Jede Frau geht unterschiedlich mit ihrer Energie um und verwendet sie gegebenenfalls für andere Dinge als für Sex.

Zeit, um mit Liljana und Michael über das Thema zu sprechen. Ich kann mir vorstellen, dass die beiden Frischverliebten derzeit viel Spaß zusammen haben. Aber wie ist so ein »erstes Mal« mit einem neuen Mann, wenn man über 70 ist?

Michael schaut bei meiner Frage nach ihrem Sexleben amüsiert seine Freundin an und ergreift ausnahmsweise sofort das Wort. »DU hast mich angemacht beim ersten Mal! Hier auf diesem Sofa!«

Liljana versucht, ladylike zu gucken, und sagt in tiefstem Rheinisch mal wieder ihren Spruch: »Wenn mir wat jefällt, muss isch dat wissen – und isch wollts wissen!«

Ich nestele an meinem Aufnahmegerät und rücke ein Stück näher an die beiden heran. Nach einem verlegenen Räuspern frage ich: »Und wie oft habt ihr so Sex?«

Meine Befangenheit ist völlig unnötig, denn Liljana sagt sofort und bestimmt: »Na, da war jetzt grad mal eine Pause, weil wir beide krank waren, aber ansonsten finden wir eine Pause gar nicht gut! Aber da siegt dann die Vernunft, denn mit Husten bekommst du in Aktion einfach zu wenig Luft, oder der Rücken zwickt besonders. Klar, das passiert natürlich so oder so mal, aber mit einer Erkältung zwickt eben alles ein bisschen mehr.«

Michael nickt schmunzelnd. Ein wenig sind sie wie Teenager. Nur mit Falten.

»Sex ist also wirklich keine Frage des Alters, oder?«

Liljana schaut mir fest in die Augen und antwortet: »Ich finde, man muss ein Team sein, und nur aus einem Team kann auch ein ordentliches Liebespaar werden. Und dabei spielt Alter wirklich keine Rolle.«

Wer aber könnte ein guter Teampartner für meine Mutter sein? Und vor allem: Wie lange wollen wir unsere Suche durchziehen? Wenn uns das Spielerische verloren geht, sollten wir aufhören, denn auf gar keinen Fall soll das eine Verzweiflungstat werden, wenn sie am Ende jemanden kennenlernt. Und ich weiß, dass Mama nur noch halb so sparkling ist, also so unnachahmlich direkt-charmant,

wenn sie auf etwas keine Lust mehr hat. Ich setze also große Hoffnungen auf das Speed-Dating, das noch ansteht.
Zumindest so lange, bis mir meine Mutter eine E-Mail wei-
terleitet.

Der Veranstalter schreibt:

Hallo Monika,
deine Anmeldung zum Speed-Dating in Berlin muss
leider verschoben werden. Dein neuer Termin ist in vier
Wochen.

Verdammt. Ich habe es ja geahnt.

Kapitel 18

Das Single-Papa-Date

Über ein halbes Jahr ist vergangen, seit Mama und ich unser Experiment gestartet haben. Wann – und vor allem wie – wir damit aufhören werden, spielt fast schon keine Rolle mehr. Ich bin, trotz der »Rückschläge«, vor allem eins: dankbar. Dafür, dass meine Mutter sich auf meine verrückte Idee eingelassen hat und nicht müde wird, meine Fragen zu beantworten und meine Vorschläge, Unternehmungen und eingefädelten Verabredungen anzunehmen. Aber jetzt wird das Eis langsamer dünner, auf dem wir uns bewegen, und Mamas Aussage aus unserem allerersten Interview beginnt sich ganz subtil wieder in ihr zu manifestieren, das merke ich. »Magda, es gibt doch überhaupt keine Männer mehr«, hat sie im Auto zu mir gesagt, und ich habe ungläubig mit dem Kopf geschüttelt. Wenn sie ihrem besten Freund Volker von unseren Unternehmungen erzählt, lacht der nur und sagt: »Na, macht mal. Viel Spaß!«, so als würden wir lediglich zu einer Premiere gehen. Er scheint unser Unterfangen nicht besonders ernst zu nehmen, beziehungsweise signalisiert er damit, dass er nicht wirklich daran glaubt, dass Mama jemanden kennenlernen könnte. Oder möchte er es nicht glauben? Dieser Mann gibt mir Rätsel auf, aber ich weiß, dass meine Mutter viel Wert auf seine Meinung legt. Ich kann hier aber keine Sabotage gebrauchen. Und sei sie noch so unbewusst. Ob Volker, durch ihr tiefes emotionales Band, das die beiden verbindet, meine Mutter für andere Bekanntschaften blockiert? Mit ihm kann sie schließlich über alles reden. Und mit ihren Freundinnen alles Mögliche unternehmen, mit ihrer kleinen Enkeltochter gibt's kuschligen Körperkontakt. Eigentlich ist sozusagen für (fast) alle Bedürfnisse jemand da.

»Ich bin mit meinem Leben ja ziemlich zufrieden, so, wie es ist«, auch so ein Satz von meiner Mutter. Andererseits ist es natürlich auch von Vorteil, nicht aus einer Art Bedürftigkeit heraus auf Partnersuche zu gehen. Die war noch nie ein guter Begleiter. Ich beschließe, meine Mutter mal ein bisschen in Ruhe zu lassen.

Ein paar Wochen lang machen wir nichts, was mit Dating zu tun hat. Ein wenig Druck rausnehmen, das kann nichts schaden. Dann erinnert mich meine Freundin Sanne mit einem Anruf an ihren tollen Single-Papa. Sie fragt, wo wir das Blind Date unserer Eltern am besten stattfinden lassen sollten. Ich schlage den Besuch eines Museums oder einer Galerie vor, denn dann haben die beiden sich auf jeden Fall etwas zu erzählen, auch wenn es nicht gleich funkt. Mama nennt mir auf meine Nachfrage, was sie aktuell interessiert, einen Vorschlag für einen Ort und drei mögliche Termine. Ich lächle in mich hinein, also lässt sie die Idee nicht ganz kalt. Wahrscheinlich ist so eine persönliche Empfehlung von mir aber auch vertrauenerweckender als völlig anonyme Verabredungen mit Wildfremden.

Als ich die SMS an Sanne weiterleite, schreibt diese kurz darauf zurück:

> Super, super! Die Ausstellung wollte er auch sehen!
> Klaus, mein Papa, ist zwar Bauingenieur, aber kein
> Techniknerd, keine Angst, er ist sehr sensibel, liebt
> die Künste, Natur und Ästhetisches ...

Am Ende fügt sie den Smiley ein, der mit geschlossenen Augen selig lächelt.

Einige Tage und mehrere Planungs-Nachrichten später haben wir für die zwei einen festen Tag nebst Uhrzeit ausgemacht. Wir schicken uns noch gegenseitig Fotos zu, damit sich die beiden am Museumseingang erkennen.

Sanne schickt das Bild eines milde lächelnden Mannes mit leicht zerzaustem grauen Haar inmitten seiner Enkelschar, die gerade Unfug treibt. Er wirkt sehr sympathisch und gelassen.

Sanne und ich geben uns virtuell noch ein High Five und informieren unsere Eltern: »Ihr habt jetzt ein Date!«

Mama reagiert latent genervt, als ich sie anrufe und ihr sage, dass sie nächste Woche eine feste Verabredung mit Klaus hat. Eine Info, die jetzt auch nicht allzu überraschend kommen dürfte, sie wusste ja, dass nicht ich vorhatte, mit ihr ins Museum zu gehen. Als ich sie auf ihren Unterton anspreche, gibt sie zu, dass sie nicht ganz glücklich ist mit der Situation.

»Ja, irgendwie stresst mich das gerade. Mich schon wieder auf jemanden einzulassen und einzustimmen. Um ehrlich zu sein, habe ich gerade keine große Lust dazu.«

Mir bleibt kurz das Herz stehen, als sie hinzufügt: »Aber ich treffe mich natürlich mit ihm, man darf ja nichts ausschließen ...« Sie seufzt, und ich schicke Stoßgebete ans Universum, dass Klaus und sie einen schönen Nachmittag haben werden. Das soll ja hier keine Zwangsveranstaltung werden!

Sanne und ich haben für die beiden eine Verabredung an einem Mittwochnachmittag eingetütet. Als ich Mama kurz vorher »Viel Spaß!« per WhatsApp wünsche, passiert stundenlang nichts. Ich bin irritiert. Ist das jetzt ein gutes oder ein schlechtes Zeichen? Stunden später erreicht mich ein knappes: »Melde mich« und ein Zwinkersmiley.

Ich bin unfassbar erleichtert. Wenn Mama nach fast drei Stunden noch immer Zeit mit Klaus verbringt, spricht das absolut für ihn!

Gegen 19 Uhr klingelt mein Handy. Meine Mutter ist wieder zu Hause und erzählt mir, mit noch ganz beschwingter Stimme, wie es gelaufen ist.

»Du weißt ja, dass ich ein bisschen gestresst war, aber dann habe ich mich aufgebrezelt und mir gesagt: Na, mal gucken! Ich war auch zeitig genug da, habe mir schon mein Ticket geholt und bin noch etwas in der Gegend auf und ab gelaufen und wurde zunehmend entspannter.«

Ich atme tief durch und werde auch entspannter bei ihren Worten. Jetzt bin ich so was von neugierig auf das eigentliche Treffen.

Mama erzählt weiter: »Als ich mich kurz vor den Treppen des Museums dann umgedreht habe, stand Klaus plötzlich hinter mir. Und ich habe ganz überrascht gesagt: ›Oh, sind Sie mir hinterhergeschlichen?‹ Und da hat er gelacht und gesagt: ›Nee, ich hatte Sie schon oben gesehen, aber dann waren Sie plötzlich weg!‹ Na ja, und dadurch war das Eis sofort gebrochen, weil wir beide lachen mussten. Ich hab gespürt, dass er ein bisschen aufgeregt war, und das sagte er dann auch auf dem Weg in die Ausstellung.«

Meine Mutter erzählt locker und leicht, ich kann ihr anhören, dass sie wirklich einen schönen Nachmittag hatte. Ich möchte aber alles haarklein wissen, schließlich kenne ich Klaus ja noch nicht. »Und wie war es in der Ausstellung? Habt ihr auch über Privates gesprochen oder nur über die Themen dort?«

»Sowohl als auch. Es ging ja um Ostberlin, und da hatten wir schon viele Berührungspunkte. Er kommt ja auch aus dem Osten, und glücklicherweise ticken wir mit unserem Verhältnis zur DDR ähnlich. Ein sehr netter Museumswächter hat uns alles erklärt, und es fühlte sich so normal an, so als würden wir uns schon lange kennen.«

»Ihr wart aber jetzt nicht so lange in der Ausstellung, oder?«, frage ich neugierig weiter.

»Nee«, lacht meine Mutter. »Schon nach der Hälfte meinte er, er wolle mich gern danach noch auf ein Stück Kuchen einladen.«

Ich falle meiner Mutter sofort mit einem wissenden »Oha« ins Wort, denn nicht nur Marmelade stößt bei ihr auf Ablehnung. Und richtig, sie verbiegt sich auch jetzt nicht für einen Mann.

»Ich hab ihm aber ganz ehrlich gesagt, dass er mit Kuchen schlechte Karten bei mir hat, aber er könne mich gern auf 'ne Stulle einladen. Dann fragte er: ›Oder einen Eiskaffee?‹ Daraufhin musste ich wahrheitsgemäß antworten: ›Nee, dann kann ich nicht schlafen, aber einigen wir uns gern auf ein Eis!‹ Da hat er gelacht und gesagt, er könne überall schlafen. Also es war so ein lockeres Geplänkel, ein bisschen Herumgefrotzele.«

Wann habe ich meine Mutter zuletzt sagen gehört, sie habe »herumgefrotzelt«? Ich kann mich beim besten Willen nicht erinnern. Aber dass Klaus gefragt hat, ob er sie noch, auf was auch immer, einladen dürfte, hat ihr natürlich auch gefallen.

Mama erzählt im Plauderton: »Er war mir angenehm. Er ist so ein feiner Mensch. Und hat so kleine Gesten, wie mal seine Hand hilfreich hinhalten, also er hat Umgangsformen, das mag ich ja. Und er trug keine Turnschuhe, was ich sehr gut fand. Hätte er Turnschuhe getragen, wäre ich weg gewesen!«

Jetzt muss ich aber lachen. Wieder habe ich etwas Neues über meine Mutter gelernt. Okay, sie selbst trägt nie Turnschuhe, aber dass sie Reißaus genommen hätte, wenn ein Mann zu einer Verabredung in welchen käme? Ich muss Sanne fragen, ob ihr Vater Sneaker besitzt, und falls ja, darf er die bitte niiiiie anziehen, sollte es zu einem zweiten Treffen kommen!

Auf mein ungläubiges »Waaarum bitte schön, Mama?!?« erklärt sie es mir: »Du weißt ja, ich mag keine Turnschuhe an mir und damit auch nicht an Männern in dem Alter. Ich finde das irgendwie albern. Ich kenne mich ja auch mit Turnschuhen nicht aus, für mich sehen die alle gleich aus ... Na, jedenfalls reist er wohl sehr viel, morgen mit seiner einen Tochter und den Kindern nach Paris. Er wollte dann noch meine Adresse beim Abschied wissen, aber da habe ich ihm gesagt: ›Ach nee, ein bisschen Geheimnis muss sein.‹ Ich glaube, da war er etwas pikiert.«

»Vielleicht wollte er dir nur eine Postkarte schicken!«, wende ich ein. Dann fällt mir Eckhardt mit seiner Masche ein. »Oder französische Marmelade ...«

Mama lacht. »Toll. Nein, ich will das aber noch nicht, das geht mir alles zu schnell.«

»Ist ja auch okay, Mama. Aber wie seid ihr denn verblieben? Werdet ihr euch wiedersehen?!« Die allerwichtigste Frage überhaupt. Die Antwort stimmt mich ziemlich froh.

»Ich habe ihn für Dienstag zu meiner Lesung eingeladen, mal sehen, ob er kommt. Zum Abschied wollte ich ihm dann die Hand geben, aber er hat mich so flüchtig mit Wange an Wange umarmt. Das hat mich ein bisschen irritiert, muss ich zugeben. Ich dachte: ›Huch!‹ Andererseits denke ich, das kam daher, weil unser Umgang so locker war, als würden wir uns schon länger kennen.«

Ich atme seufzend aus. »Hach, ich bin richtig froh, das zu hören, Mama! Wäre das heute schrecklich gewesen mit Klaus, hättest du dich wahrscheinlich nie wieder mit jemandem getroffen, den du nicht kennst, oder?«

Ich kann das Nicken meiner Mutter am Telefon förmlich hören: »Mmmh. Es war alles in allem überaschenderweise sehr angenehm. Ich war ja wirklich auch skeptisch am Anfang, nach all den Typen, denen wir so begegnet sind. Da war meine Hoffnung auf jemanden Vernünftiges nicht mehr groß, muss ich schon sagen. Wobei das Foto, das du mir von ihm geschickt hast, schon darauf hingedeutet hat, dass er bestimmt ganz sympathisch ist. Es muss sich halt jetzt entwickeln, wir werden sehen.«

Meine Mutter hat »rumgefrotzelt«! Und sie sagt, dass »es sich entwickeln« müsse. Das ist ja eigentlich schon wie ein Sechser im Liebeslotto nach all unseren Erlebnissen.

Am Abend brummt mein Handy. Sanne schreibt mir:

> Ich glaube, sie hatten einen sehr schönen Nachmittag, wir haben noch nicht gesprochen, aber ich habe ein Foto von einem Eisbecher bekommen, und sie waren wohl über drei Stunden unterwegs! Bin gespannt, was er meiner Schwester morgen bei der Reise nach Paris erzählt. Kuss

Kapitel 19

Speed-Dating
in Slow Motion

Trotz der Entwicklung mit Klaus steht ja nach wie vor der
Termin fürs »Speed-Dating 56–60+« in Mamas Kalender.
Diesen Sonntag soll es so weit sein. Am Dienstag bekomme
ich wieder eine E-Mail von meiner Mutter weitergeleitet.
Ich habe ein Déjà-vu:

> Hallo Monika,
> deine Anmeldung zum Speed-Dating in Berlin muss
> leider erneut verschoben werden.
> Der Grund für die Terminänderung ist, dass sich bedau-
> erlicherweise entweder zu wenige weibliche oder
> männliche Singles angemeldet haben, um ein entspre-
> chendes Gleichgewicht zwischen weiblichen und
> männlichen Teilnehmern herzustellen. Wir tun unser
> Bestes dafür, dass beim nächsten Termin genügend
> Singles angemeldet sind. Dazu haben wir bereits
> entsprechende Marketingmaßnahmen eingeleitet.

Das gibt es doch nicht! Es kann doch nicht so schwer sein
für einen professionellen Veranstalter, Singles zu akqui-
rieren, zumal in Berlin! Der Anbieter organisiert Speed-
Datings in zig deutschen Städten und in allen Altersklassen
und macht einen seriösen Eindruck. Ich bin davon ausge-
gangen, dass wir uns darauf verlassen können, dass das

klappt. Stattdessen »verwalten« sie sicher nicht nur meine 19 Euro seit inzwischen mehreren Monaten.

Ich bin wütend und rufe die Nummer im Impressum an. Es meldet sich ein Mann mit jung klingender Stimme, der sofort Verständnis für meinen Unmut äußert und um Entschuldigung bittet. Es habe kürzlich einen Betreiberwechsel gegeben, dadurch sei es etwas chaotisch gelaufen. Aber er sei jetzt neu eingestiegen und werde alles daransetzen, dass das Speed-Dating diesmal auch wirklich zustande kommt.

Auf meine Frage, ob das Problem mit dem Ungleichgewicht der Geschlechter nur in der Generation 60 plus vorkomme, muss er bedauernd zustimmen. Es würden sich einfach immer viel zu wenige Männer registrieren, und Frauen meldeten sich oft noch mit einer Freundin an, aber Männer hätten wohl nicht so richtig Lust mehr, sich zu engagieren. Er kenne das auch von Kollegen, die Singlereisen organisierten. Bis 40 Jahre sei es dort auch immer ausgeglichen, aber danach: »Schwieriges Pflaster.«

Nach dem Gespräch bin ich nur umso neugieriger. Vielleicht kann ich ja dabei sein? So als stille Beobachterin.

Der junge Mann sichert mir zu, dass man jederzeit sein Geld zurückbekommen werde, wenn man sich schriftlich per E-Mail wieder abmelden wolle, und natürlich sei es auch kein Problem, wenn ich meine Mutter begleiten möchte.

Noch mal vier Wochen warten. Ich recherchiere nach weiteren Speed-Dating-Optionen in Berlin, stoße aber nur auf Angebote, die fast das Dreifache kosten und auch nicht mal hier stattfinden.

Bei einem Zeitungsartikel aus dem letzten Jahr bleibe ich hängen. »In sieben Minuten zum Glück«, lautet die

Überschrift. Darin berichten eine 74-Jährige und ein 80-Jähriger, wie sie sich vor über zwei Jahren beim Senioren-Speed-Dating im Sauerland kennengelernt haben. Beide waren verwitwet, teilten ähnliche Interessen und verliebten sich prompt. Die beiden sind aber nicht zusammengezogen, sondern pendeln im Zwei-Wochen-Takt von der einen Wohnung in die andere. Auch ein gutes Modell, finde ich und frage meine Mutter, wie sie das handhaben würde. Leider haben wir beide im Augenblick nicht viel Zeit, Mama verfolgt Projekte, mich verfolgt die Arbeit. Aber sie schreibt mir eine Antwort-Mail auf meine Frage:

> Ich bin eine gesellige Einzelgängerin. Das heißt, ich bin gern mit Menschen zusammen, die ich mag, aber auch ebenso froh, wenn ich für mich bin.
>
> Ich wohne gern allein. Das ergibt sich aus oben Gesagtem. Ich muss nicht reden, kann schlafen gehen, aufstehen, lesen oder fernsehen, wann immer ich möchte.
>
> Meine Wohnung ist zu klein, als dass da noch jemand seine Sachen reinstellt. Es würde auch meine vertraute Zuflucht stören, die ich als absolut notwendig erachte.
>
> Der Garten ist auch solch ein Refugium. Eigentlich schließe ich eine gemeinsame Wohnung aus, da ich zu viele Kompromisse machen müsste. Dazu bin ich nicht mehr bereit.
>
> Es käme also nur ein großzügiges Haus infrage, in dem man sich begegnen, aber auch aus dem Weg gehen kann. Oder eben jeder bleibt in seiner Wohnung, und man besucht sich.

Eine aktuelle Fernsehreportage über Speed-Dating für die Oldies im Ruhrpott wird angekündigt. Natürlich muss ich da einschalten, ist ja jetzt mein Fachgebiet. Ich bin gespannt zu sehen, wie es dort abläuft und wer sich überhaupt angemeldet hat.

In der Sendung kommt ein 60-Jähriger zu Wort, dessen Frau, nein, dessen »große Liebe, wie es sie, wenn überhaupt, nur einmal gibt«, nach 40 Jahren verstorben ist und der nun langsam wieder eine neue Frau sucht. Das berührt mich dann doch.

Oder der agile 80-Jährige, dem man sein Alter wirklich nicht ansieht und der bei Wind und Wetter schwimmen geht und so lebenslustig und klug rüberkommt, dass ich wünschte, er würde in der Nähe wohnen. Wäre der nicht was für meine Mama?

Im Beitrag heißt es allerdings, er sei der Älteste in der Runde und habe es »daher nicht so leicht, denn viele Damen haben nämlich Angst vor einem Pflegefall«. Ich muss Mama unbedingt den Link der Sendung aus der Mediathek schicken, damit wir uns darüber austauschen können, ob der Typ noch was für sie wäre. Mal abgesehen davon, dass er ziemlich weit weg wohnt.

Im Beitrag erfährt man nichts darüber, ob es schwierig war, das Geschlechterverhältnis für das »schnelle Treffen« auszugleichen. Aber vielleicht gibt es im Ruhrgebiet mehr aktive Singlemänner?

Eine Dame, von der es heißt, sie habe in ihrem Leben »noch nie wirklich Glück gehabt mit der Liebe«, äußert sich hochromantisch, aber der, der ihr beim Speed-Dating Schmetterlinge macht, hat sich leider nicht für sie interessiert. Am Ende schlendert sie dennoch Hand in Hand mit einem Mann vor der Kamera entlang, ihn hat sie schließlich über das Internet kennengelernt. Sie wirkt so verliebt, dass einem das Herz aufgeht. Alter schützt wirklich nicht vor Liebe. Welch ein Glück!

Jetzt kann ich es kaum noch erwarten, dass auch Mamas Speed-Dating klappt. Als es wenige Wochen später tatsächlich so weit ist, platze ich fast vor Neugier.

Plötzlich ist der Sommer mit Karacho über Berlin hereingebrochen. Es ist drückend heiß an »unserem« Speed-Dating-Sonntag. Ich komme total rammdösig und mit noch nassen Haaren direkt vom See zum Treffpunkt – einem mexikanischen Restaurant in Ku'damm-Nähe. Meine Mutter leuchtet mir schon von Weitem entgegen. Sie trägt zur Feier des Tages ein mintgrünes, langes Seidenkleid und schwingt in einer schattigen Ecke neben dem Restauranteingang ihren schicken Sandelholzfächer. Sie hat dezentes Make-up aufgetragen und wirkt gar nicht aufgeregt.

»Na, dann mal los! Ich bin so gespannt«, lacht sie, und wir gehen zur Tür, wo eine junge Frau sitzt und direkt fragt, ob »wir« auch zum Speed-Dating wollen.

»Ich gucke bloß zu!«, antworte ich schnell. Bei 56 plus bin ich dann doch raus. Unser »Love Angel«, wie er auf der Webseite genannt wird, vergisst, sich uns vorzustellen und wirkt überhaupt etwas gelangweilt. Wahrscheinlich würde sie diesen Tag auch lieber am See verbringen, als im 90-Minuten-Takt paarungswillige Berliner Singles zu empfangen: Nach Mamas Altersgruppe sind später noch die Jüngeren dran.

Wir sollen »nach hinten« durchgehen. »Hinten« meint eine leicht erhöhte Ebene hinter der Bar mit fünf einzelnen Tischen, die nummeriert sind. Vor uns blickt sich gerade eine Frau im geblümten Sommerkleid um, an einem der Tische sitzt bereits ein sportlich gekleideter Mann mit kariertem Hemd, kurzen Hosen und ... oh nein – Turnschuhen.

Mama und ich setzen uns zusammen an einen Tisch gegenüber und sagen erst mal nichts. Wir beobachten neugierig die Szenerie. Jetzt kommt eine weitere Frau mit bereits sommerlich braun gebrannter Haut nach oben, auch sie hat sich für ein buntes Sommerkleid und Sandalen mit kleinem Absatz entschieden. Sie wirkt, wie alle anderen auch, etwas jünger als 60. Dann kommt ein Herr mit vollem, dunklem Haar in Jeans und T-Shirt herein. Auch er hat Turnschuhe gewählt und trägt einen Rucksack auf dem Rücken. Nachdem er sich an einen der noch freien Tische gesetzt hat, sagen wir uns alle Hallo und blicken abwartend Richtung Tür, von wo der Love Angel auf uns zukommt.

»Schön, dass ihr da seid«, beginnt sie, und ich husche in eine abgelegene, freie Ecke, um meinen Beobachterinnenposten einzunehmen. Bin aber noch nah genug, um alle Konstellationen im Blick zu haben.

»Leider ist es oft so, dass nicht alle, die sich angemeldet haben, auch zum Termin kommen. Da es ja schon zehn Minuten später ist, würde ich sagen, wir warten nicht länger, sondern fangen gleich an.«

Die Moderatorin verteilt nun Zettel, auf denen sich alle Teilnehmer*innen im Anschluss an das Gespräch Notizen zu ihren Gesprächspartnern und -partnerinnen machen können, und schaut auf die Uhr.

Sie wendet sich an die wenigen Anwesenden. Da es eine ungerade Anzahl Singles sind, sagt sie: »Setzt euch doch schon mal paarweise zusammen, eine Teilnehmerin muss halt immer eine Runde aussetzen.«

Ich halte die Tür im Blick, aber es kommt tatsächlich niemand mehr.

»Ihr habt immer sechs bis sieben Minuten Zeit füreinander, die Frauen bleiben sitzen, und die Herrschaften ziehen weiter. Viel Spaß!«

Dann geht sie wieder nach draußen an den Eingang und überlässt die drei Frauen den beiden Männern. Oder umgekehrt. Das Ganze ist so was von unromantisch und lieblos gestaltet, dass ich nur innerlich den Kopf schütteln kann. Es ist ganz und gar nicht so wie in der Fernsehreportage, wo bei Kerzenschein fröhliches Geplapper, Lachen und Funkeln durch den Raum flogen und alle sich extra schick gemacht hatten für diesen besonderen Abend. Auch die Männer!

Hier stehen allen nur Schweißperlen auf der Stirn, und man kann sehen, dass zumindest die Frauen das Ganze hier auch höchst fragwürdig finden. Ich erinnere mich an den Werbeclaim des Veranstalters im Netz: »Die Erfolgsquote liegt bei über 83 %.« Ich ahne, dass Mama eher zu den nicht erfolgreichen 17 Prozent gehören könnte.

Die erste Dame, die auf ihr Speed-Dating warten muss, blickt so lange in ihr Handy. Das sähe in meiner Altersgruppe oder bei den noch Jüngeren bestimmt nicht anders aus. Jetzt lädt das Ambiente hier aber auch wirklich nicht dazu ein, mit dem Blick auf irgendetwas zu verweilen. Es ist einfach unglaublich einfallslos eingerichtet. Ich glaube auch, die Teilnehmerin hat ihr Telefon weniger aus Langeweile gezückt als aus Respekt vor dem Nachbartisch – der steht nämlich so eng, dass sie das Gespräch zwischen meiner Mutter und dem ersten Kandidaten locker mit anhören könnte.

All das nehme ich aus sicherer Entfernung wahr. Meine schwitzigen Hände hinterlassen feuchte Ränder auf dem dunklen Holztisch. Hat der vorher schon so geklebt, oder war ich das? Ich beobachte die Kellner, die haufenweise kühle Getränke nach draußen schleppen. Ich bin heilfroh, dass ich mir noch vor Beginn eine große Maracujaschorle bestellt hatte, denn dieser Bereich wird jetzt nicht bedient, wie es scheint. Die Singles sollen ungestört bleiben.

Monika unterhält sich zuerst mit dem Rucksack-Typen, der sein Gepäckstück doch tatsächlich die ganze Zeit über auf dem Rücken behält. Das gibt Punktabzug, weiß ich jetzt schon. Fände ich, ehrlich gesagt, auch seltsam. Als hätte er sich darauf eingestellt, plötzlich ganz spontan die Flucht zu ergreifen.

Ich kann Mamas auffällig freundlichen Plauderton, mit dem sie gegen die mexikanische Hintergrundmusik anspricht, aus dem Stimmengewirr heraushören. Was genau sie beredet, geht allerdings unter. Aber ich muss ja auch gar nicht mehr genau mithören, der Podcast ist längst fertig, und hier lebe ich gerade nur noch meine Neugier aus. Und vielleicht stehe ich ein bisschen meiner Mutter bei, denn ich habe sie für dieses skurrile Event schließlich angemeldet. Denn meine »Ein Mann für Mama«-Mission lässt mich nicht los. Noch nicht. Und auf diesen Moment des Speed-Datings hätte ich nun bestimmt nicht freiwillig verzichtet.

Aber so verstehe ich natürlich nichts. Ich möchte auch nicht die ganze Zeit hinstarren, also verfolge ich eine Fliege, die sich gerade auf dem leeren Garderobenständer neben der Tür zu den Toiletten niedergelassen hat.

Nach knapp zehn Minuten betritt wieder die gelangweilte Frau, Pardon, der »Love Angel«, den Bereich und klopft mit einem Löffel gegen ein Bierglas und verschwindet wieder.

Die Männer stehen langsam auf und witzigerweise wischen beide sich die Hände an den Hosen ab, bevor sie sich wieder setzen.

Jetzt unterhält sich meine Mutter mit dem Mann in der kurzen Hose. Ich sehe, wie sie den Kopf aufstützt und ihn anlächelt. Immerhin! Da ist mehr Bewegung in diesem zweiten Gespräch, als ich mit dem ersten Mann beobachten konnte.

Nach der zweiten Runde ist meine Mutter nun diejenige, die keinen Gesprächspartner hat. Sie schwenkt wieder ihren Fächer, und wir werfen uns kurz verschwörerische Blicke durch den Raum zu. Dann ist meine Fliege zurück und reibt sich ausgiebig ihre kleinen Beinchen auf dem schmalen roten Tischläufer vor mir. Plötzlich kommt eine zweite Fliege und setzt sich auf die erste. War ja klar, die sind dem Szenario um sie herum Lichtjahre voraus. Die wissen, wie das geht: mit Speed. Dann düsen beide weiter. Speed-F****** eben. Meine Gedanken setzen auch zu einem Rundflug an. Wussten Sie übrigens, dass Fruchtfliegen die größten Spermien im gesamten Tierreich haben? Angeblich sind die, würde man sie ausrollen, stolze sechs Zentimeter lang! Und sie können ... pling! Wieder sind gut acht Minuten um, wieder schlägt der Löffel ans Bierglas, und die Veranstaltung wird kurz und schmerzlos für beendet erklärt.

Es dürfe sich draußen aber noch weiter unterhalten werden, und wer sich beschweren wolle, weil statt fünf Paaren nur fünf Teilnehmer da gewesen seien, könne das im Anschluss direkt online beim Veranstalter tun.

Was für ein entmutigender Abschluss. Mama und ich suchen schnell das Weite.

Als wir um die Ecke gebogen sind, sagt meine Mutter: »Oh, Mann! Also nee! Was war das denn?« Dann deutet sie auf die gegenüberliegende Straßenseite. »Guck mal, da drüben ist eine Eisdiele. Komm, ich lad dich ein!«

Wir gönnen uns zwei große Eisbecher auf der schattigen Terrasse, und ich frage meine Mutter, was sie denn beim Anblick der beiden Männer zuallererst gedacht hat.

»Och, eigentlich kannst du gleich wieder gehen.«

Diesen ersten Gedanken kann ich ihr nicht verübeln. Mir wäre es schließlich genauso gegangen.

»Hast du gesehen? Beide hatten Turnschuhe an, dann die kurze Hose, und der eine mit seinem Rucksack, wie gerade von 'ner Tour ... Also wirklich. Aber ich weiß ja, Männer denken sich einfach nichts dabei. Wir Frauen waren alle schön zurechtgemacht, und die beiden so sportlich, locker, flockig ...« Mama nimmt den Löffel aus ihrem Nugatbecher und fuchtelt damit kurz in der Luft herum. »Typisch Mama!«

»Worüber hast du dich denn mit dem Ersten, ich nenne ihn mal ›den Rucksack‹, unterhalten?« Ich möchte nun endlich ein paar Details wissen.

»Er fragte mich gleich, ob ich nur an einer Bekanntschaft interessiert sei oder an einer Beziehung, und da habe ich gesagt: Nö, wenn schon, dann eine Beziehung. Wir sind ja in einem Alter, da haben wir das alles hinter uns. Da nickte er direkt und meinte: Stimmt. Und ich hab ihn dann gefragt, was er so macht, und er sagte schlicht: Fahrrad fahren. Und das hat mich verblüfft, ich dachte, okay, das wird ja nicht alles sein, und hab nachgefragt: ›Hä? Fahrrad fahren?‹ Und da dachte er wohl, ich sei schwerhörig, denn er beugte sich näher zu mir und sagte etwas lauter und langsamer: ›FAHRRAD FAHREN‹.«

Ich pruste fast mein Spaghettieis durch die Gegend. Wie in einer Slapstick-Komödie. »Oh, Gott, und dann? Was hast du dann gesagt?«, frage ich kichernd.

»Na, ich hab ihm direkt gesagt, dass ich ihn akustisch sehr wohl verstanden habe und dass ich nicht Fahrrad fahren kann. Tja, und dann war unser Gespräch schon fast beendet. Auch, weil er alles verneint hat, als ich ihn nach Theater, Konzerten oder Kino gefragt habe. So was macht er alles nicht. Er arbeitet wohl immer sehr lange und fährt dann halt Rad.« Meine Mutter zuckt mit den Schultern, überlegt kurz und ruft: »Ach! Und dann hatte ich ihn gefragt, ob er ein neugieriger Mensch sei, und da sagte er: ›Äh, nö.‹ Also, wenn jemand nicht neugierig ist ... Nein, da sind wir also überhaupt nicht zusammengekommen. Na ja, und als die Zeit dann um war, meinte er direkt: ›Ja, schade, war sehr nett, aber das wird wohl nix mit uns.‹ Da konnte ich nur noch antworten: ›Stimmt, wir sind nicht kompatibel.‹«

Mama starrt amüsiert auf ihr Eis. Nach einer kurzen Pause schiebt sie kopfschüttelnd hinterher: »Und außerdem fand ich es wirklich unmöglich, dass er den Rucksack nicht abgenommen hat.«

Tja, ein Mann, der nur Fahrrad fährt und viel arbeitet, ist eindeutig nichts für meine Mutter. Vielleicht auch nicht für andere Frauen, wenn er den Weg des Speed-Datens gewählt hat, um jemanden kennenzulernen? Außer er trifft unter den verbliebenen Speed-Daterinnen eine ebenso begeisterte Radfahrerin. Ich drücke ihm die Daumen, denn ich fand ihn trotz allem irgendwie sympathisch. Vielleicht gerade wegen des Rucksacks. Mich erinnerte das an die kleinen Jungs aus der Kita meiner Tochter.

Jetzt bin ich aber auf Kandidat Nummer zwei gespannt, die »kurze Hose«. Fahrradfahrer war der jedenfalls nicht, dafür aber wohl ein Mann mit Sinn für Humor. »Das war ein ganz netter und entspannter Typ, fand ich«, berichtet meine Mutter weiter. »Witzig war auch sein Nickname, damit sollten wir uns ja vorstellen, er sagte nämlich: ›Zwei Bierchen.‹ Woraufhin ich meinte, nee danke, ich trinke lieber Wasser, aber das war halt sein Nickname, weil er wohl mal in einer Bar gearbeitet hat. Da musste ich sehr lachen, das fand ich lustig.«

Ich strahle sie an. Das ist auf jeden Fall einfallsreicher als irgendeine Abwandlung des Eigennamens. Ich kratze schon fast am Boden meines Eisbechers, der das Beste ist, was mir an diesem drückenden Tag passiert ist. Vielleicht hätte das Speed-Dating im Eiscafé stattfinden sollen! »Und, wie ging es dann weiter mit euch?«

»Ich habe ihn dann auch nach seinen Interessen gefragt, und da war er, im Gegensatz zu dem Ersten, total aufgeschlossen. Er geht wohl auch viel ins Theater und auf Konzerte.«

Ich werde extrem hellhörig.

»Er fragte mich dann noch, was ich so für Musik hören würde, und als ich ihm geantwortet habe, dass ich so ziemlich alles mag, also von Heavy Metal bis Klassik, war er ganz überrascht. Allerdings fragte er dann: Mögen Sie auch Schlager? Tja, nach meiner Antwort war dann erst mal kurz Stille. Wahrscheinlich mochte er Schlager. Aber wir haben uns wirklich noch sehr angeregt weiter unterhalten, und er war total interessiert und hat selbst auch viele Fragen gestellt.«

Das hört sich doch schon mal nicht schlecht an. So viel konnte ich aus ihrem Gespräch gar nicht herauslesen, als ich die beiden beobachtet habe. Aber an das Lächeln meiner Mutter erinnere ich mich auch.

»Die Zeit verging wie im Flug, und es war wirklich nett – aber er trug eben auch Turnschuhe. Und war eigentlich auch zu jung. Nach dem Alter haben wir uns zwar nicht gefragt, aber das sah man ja. Ich denke mal, der war noch keine 60.«

»Schade!«, entfährt es mir. Wieder mal das Alter. Meine Mutter ist zwar jung geblieben, fällt aber bei 56+ offenbar doch durchs Raster. Das ist aber auch eine ziemlich weit gefächerte Altersspanne, die da angegeben war. Fast schon unverschämt von den Veranstaltern – und dann noch die geringe Teilnehmerzahl. Ich nehme mir noch einen Löffel von dem Eis und sage nachdenklich, bevor ich mir das letzte Vanilleeis in den Mund stecke: »Das heißt, du wirst bei seinem Namen kein Häkchen setzen?«

Nur, wenn sich beide Teilnehmer gut fanden und wiedersehen möchten, wird ein persönlicher Kontakt vermittelt.

»Nee, werde ich wohl nicht! Boah, ich bin jetzt ganz erschöpft«, seufzt meine Mutter. Sie war wohl doch etwas angespannt.

»Hattest du dir eigentlich vorher Fragen überlegt?«, möchte ich noch wissen.

Meine Mutter nickt. »Ja, schon, aber dazu kam ich ja gar nicht. Ich wollte so etwas fragen wie ›Turnschuhe oder Lederschuhe?‹. Oder ›Heavy Metal oder Klassik?‹. Oder ich wollte sie mit ›Lieber schlechten Sex als gar keinen?‹ provozieren, aber dann dachte ich, ach nee, das lohnt gar nicht. Der Rucksack wirkte schon so müde, und die kurze Hose war eben leider zu jung.«

Merke: In Berlin, der Stadt der Überangebote, ist das Daten 70 plus eine echte Herausforderung. Nach all den Monaten sollte dies doch bitte nicht die letzte Erkenntnis in Sachen Männersuche sein, hoffe ich insgeheim.

Tatsächlich bekommt meine Mutter eine Woche später erneut eine Einladung des Veranstalters zugemailt, um beim nächsten Speed-Dating wieder dabei zu sein. Aber nach dem sehr holprigen Anlauf und in Anbetracht der geringen Teilnehmerzahl bin ich ihr keineswegs böse, dass sie darauf jetzt keine Lust mehr hat.

Speed-Dating – wir machen einen Haken dran. Was lange währt, wird nicht immer gut.

Kapitel 20
Werde, der du bist

Meine Mutter ist guter Dinge. Heute ruft sie an und erzählt mir munter, dass sie gestern mit Rita im Theater war. Offenbar hat sie der Ehrgeiz gepackt, denn sie scheint in Flirtlaune gewesen zu sein.

»Rita und ich haben diesmal für die Pause vorreserviert und uns mit unseren Weingläsern ganz offenherzig in die Runde gestellt, die mit an unserem Tisch stand. Das waren zwei mittelalte Paare und zwei grau melierte Herren. Wir waren wirklich gut drauf, das Stück war klasse, aber glaubst du, da hat auch nur einer mal zu uns rübergeschaut? Magda, es ist wirklich so, ab einem gewissen Alter wirst du übersehen. Du wirst quasi neutralisiert!«

Ihr scheint diese Erkenntnis so absurd, dass sie sich im Gegensatz zu mir gar nicht darüber aufregt, sondern eher erstaunt davon erzählt. Mich macht das betroffen. An der eigenen Mutter vorgeführt zu bekommen, wie die Gesellschaft mit älteren Menschen umgeht, das tut weh. Und ich muss mir dabei an die eigene Nase fassen. Wann bin ich vor unserem gemeinsamen »Ein Mann für Mama«-Projekt mal mit älteren Menschen einfach so ins Gespräch gekommen? Selten, so viel steht fest.

Und der Umgang mit Mama ist noch harmlos! Meine Mutter ist ja weder krank noch auf Hilfe angewiesen. Sie möchte einfach nur jemanden kennenlernen, der für sie eine Bereicherung sein kann. Nicht mehr und nicht weniger.

Ich möchte Gespräche, die mich überraschen. Denn nur Gespräche, der Dialog, bringen uns weiter. Ich suche Anregungen und nicht jemanden, der sich die ganze Zeit selber reflektiert. Ich will keine Lebensgeschichten mehr hören, die vom ständigen Scheitern sprechen, weil meine Devise ist ja: ›Immer besser scheitern‹. Also immer weiterzugehen und Herausforderungen anzunehmen. Deswegen habe ich mich ja auch auf den Podcast und das Buch eingelassen. Ich stelle mich gern Dingen, die ich noch nie gemacht habe. Ich finde das spannend. Auch wenn oder gerade weil es mich aus meiner Komfortzone holt.

Als ich meine Mutter an einem milden Sonntag mit meiner Tochter in ihrem Gärtchen besuche, muss ich ihr unbedingt eine Frage stellen, die ich schon sehr lange mit mir herumtrage, aber im ganzen Trubel immer wieder vergessen habe. Zum Glück taucht meine Tochter für den Moment in ihre Fantasiewelt ab und vertieft sich in ein Gespräch mit ihrer Lieblingspuppe, meiner alten, schweren Babypuppe aus Zelluloid in Original-Babygröße. Mama und ich haben einen Moment Zeit zum Reden.

Endlich werde ich die Frage los: »Sag mal, was steht eigentlich auf deiner persönlichen To-do-Liste, Mama? Was möchtest du unbedingt noch machen?«

Meine Mutter reißt in ihrer typischen Art die Augen auf, dass die Augenbrauen tanzen. »Oh, ganz viel!«, sagt sie sofort. »Ich würde endlich gern wieder ein eigenes Stück schreiben und mit einem Regisseur inszenieren. Und reisen muss ich noch! Mir fehlen etliche Städte in Europa, die ich noch gern sehen möchte.«

»Ja? Welche denn?«

»Lissabon zum Beispiel. Und stell dir vor, ich war noch

nie in Rom! In Florenz ja und in Venedig, aber nicht in Rom!«

In Florenz und Venedig waren wir sogar zusammen, erinnere ich mich plötzlich. Und ich weiß jetzt schon, was ich ihr zu Weihnachten schenke: einen Trip nach Lissabon! Da war ich nämlich auch noch nicht. Es ist doch immer gut, sich mit seiner Mutter auszutauschen.

»Was mir auf keinen Fall fehlt, ist jedenfalls eine Schiffsreise, nee, bloß nicht! Aber mit meiner Enkeltochter würde ich auch gerne noch eine größere Reise unternehmen.« Mama guckt mich mal wieder mit ihrem verschmitzten Blick an und sagt: »Und eine große Hochzeit feiern möchte ich noch.« Kunstpause. »Aber nicht meine!«, und sie lacht, als hätte sie einen guten Witz gemacht.

Ich verdrehe die Augen.

»Na, weil ich das auch nicht kenne, deshalb!«, versucht sich meine Mutter für ihren – zugegeben: ja auch irgendwie rührenden – Wunsch zu entschuldigen.

»Jetzt muss ich das ausbaden, weil du es immer vermasselt hast«, lache ich ihr ins Gesicht, obwohl mir in dem Moment gar nicht so zum Lachen ist. Das hatte ich mit dem Podcast ja nun nicht erreichen wollen, dass Mama jetzt nach einem (Ehe-)Mann für mich Ausschau hält ...

»Na klar! Das ist ja wohl nicht zu viel verlangt«, zwinkert meine Mutter.

Ich kontere grinsend: »Ich wünsche mir auch, dass du noch mal heiratest! Dann bin ich nämlich nicht die Einzige, die dich später zur Pflege an der Backe hat.«

Meine Mutter schnappt übertrieben entrüstet nach Luft und hält mir ihre Faust drohend unter die Nase.

Mal im Ernst – wie kommt meine Mutter überhaupt darauf, dass ich heiraten möchte, wenn ich doch von ihr seit der frühsten Kinderzeit – und das hat mich geprägt – mitbekommen habe, dass Heiraten total spießig sei?! Vielleicht, weil Kinder oft versuchen, es genau anders zu machen als ihre Eltern? So ging es mir tatsächlich auch. Ich wollte es nicht nur anders, sondern sogar besser machen als meine Mutter. Ich wollte mir die perfekte kleine Familie aufbauen, die ich nie hatte. Dass mich meine eigene Mutterrolle ziemlich aus der Bahn werfen würde, damit habe ich natürlich nicht gerechnet. Dass das in diesem Ausmaß passieren kann, hatte ich vorher weder gehört noch gelesen. Vielleicht zum Glück. Immer heißt es nur, dass das Muttersein zwar eine Herausforderung, aber auch das höchste Glück sei. Aber eben nicht im ersten Jahr, wenn man zermürbt von wahnsinnigem Schlafmangel und Hormonschwankungen wieder versucht, aus der Mutterrolle hinaus in die Arbeitswelt zu balancieren, gleichzeitig zurück zu sich als Frau zu finden und seinen Partner dabei nicht aus den Augen zu verlieren.

Ich bewundere Frauen, die das meistern! Mich hat es komplett überfordert, und ich habe mich am Anfang meiner Krise ernsthaft mit dem Thema »Regretting Motherhood« auseinandergesetzt. Um zu dem Schluss zu kommen, dass ich nicht zu jener Fraktion Frauen gehöre, die dauerhaft bereuen, Mutter geworden zu sein. Unabhängig davon, dass sie ihr Kind natürlich lieben. Der Begriff tauchte 2015 auf, als die israelische Soziologin Orna Donath Mütter aus verschiedenen sozialen Schichten befragte, ob sie sich mit ihrem heutigen Wissens- und Erkenntnisstand noch mal für ein Kind entscheiden würden, und die Antwort lautete: Nein. Gleichzeitig wurde eine weitere Studie öffentlich, die im Nachhinein zwar aufschlussreich, aber eigentlich für keine werdende Familie hilfreich ist: Die amerikanische

Soziologin Rachel Margolis und der Direktor des Max-Planck-Instituts für Demografische Forschung in Rostock, Professor Mikko Myrskylä, haben Langzeitstudien des Deutschen Instituts für Wirtschaftsforschung zur Lebenszufriedenheit von 20 000 Bürger*innen genauer betrachtet. Dabei fanden sie heraus, dass über ein Drittel derjenigen, die Eltern geworden waren, ihre Zufriedenheit ab diesem Zeitpunkt auf der Skala von 0 bis 10 um zwei oder mehr Einheiten zurückstuften. Im Vergleich: Durch Arbeitslosigkeit oder den Tod des Partners geht die Zufriedenheit gemäß internationaler Studien im Mittel nur um etwa eine Einheit zurück, durch Scheidung nur um 0,6.

Ich fühle mich bestätigt, als ich die Studie heute lese. Also könnte ich davon ausgehen: Alles total normal bei mir gelaufen. In einer Krise kann man das aber nicht sehen.

Im Nachhinein bin ich dankbar für das innere Durcheinander und das Infragestellen, denn ich habe mich nicht zur Resignation entschlossen, sondern irgendwann zur Selbsthilfe. Meine toughe Mutter hatte auf mich doch mehr ihrer Ansichten und ihres Verständnisses von Familie und Männern übertragen, als ich mir hatte vorstellen können. Als ich dann in meinem Emo-Loch landete, wollte ich verstehen, was vererbte Muster waren und was meine eigene Wahrheit ist. Ich wollte verstehen, wer ich bin und warum ich so wurde. Und ich zog schweren Herzens von zu Hause aus. Ich brauchte Abstand. Und externe Unterstützung.

Ich bin froh, dass es heutzutage normal ist (zumindest im urbanen Raum), eine Gesprächstherapie zu beginnen. Das Stigma, Psycholog*innen seien doch nur »was für Verrückte«, ist wirklich überholt. Und ich möchte hier weiterempfehlen, sich Hilfe zu suchen oder zumindest Anregungen von außen zu akzeptieren. Coachings und Therapien sind absolut nichts, was einem unangenehm sein sollte. Im Gegenteil. Zu erkennen, dass man allein mit sich und mit seiner Situation nicht weiterkommt, ist der erste Schritt in die richtige Richtung. Und egal, ob Psychotherapie, Familienaufstellungen und andere alternative oder spirituelle Wege – jeder Input hinterlässt seinen Samen, der immer weiter aufgeht bei der Selbstfindung. Oder wem das zu esoterisch klingt: Das alles hilft beim eigenen Persönlichkeits-Puzzle.

Und nebenbei: Mir hat es auch geholfen, mich offen mit meinen Freund*innen über die jeweiligen Eigenarten der Therapeuten auszutauschen. Die sind nämlich auch nur Menschen und nicht frei von Fehlern, wie wir oft festgestellt haben. Wenn es einem schlecht geht, muss man auch Witze darüber machen, das macht es ebenfalls leichter.

Aber zurück zum Thema Heirat. Meiner Heirat. Auch, wenn ich eine Heirat immer als einschneidender empfunden habe, als Kinder zu bekommen, und ich den Sinn einer öffentlichen Besiegelung der Liebe nicht so richtig erkennen kann – why not? Ist Spießigkeit nicht wieder total angesagt? Gerade in unsicheren Zeiten? Außerdem bin ich mit dem Vater meiner Tochter, der ja mit in die Krise geschlittert war, wieder zusammengezogen. Auch das ist eine Folge meines Puzzelns. Denn ich stellte fest: Ich bin immer gegangen, wenn es in einer Beziehung unbequemer wurde.

Konfliktlösungssuche als Paar? Fehlanzeige. Wo hätte ich mir das auch abgucken sollen? Zu Hause eben nicht. Also war meine Devise: Möglichst wenig Konfrontation, bei Schwierigkeiten lieber Zahnbürste einpacken und weg.

Ich frage besser nicht Herrn Freud, was der wohl dazu meinen würde, dass ich jetzt ausgerechnet meine Mutter verkuppeln will ...

Ein letztes Wort zu mir: Ich habe beschlossen, mit meinem Partner wieder zusammenzuziehen, und es ist quasi »work«, nein »relationship in progress« draus geworden. Wir sind achtsamer geworden, wie der andere reagiert, wir sprechen möglichst sofort an, wenn Spannungen im Raum stehen, und ich übe mich (für mich als Waage nicht einfach) in Konfrontation. Unangenehmen Gesprächen nicht aus dem Weg zu gehen und Dinge direkt anzusprechen ist meine persönliche Herausforderung, denn eigentlich möchte ich es immer schön harmonisch haben. Und ich habe gelernt, mich auf einen Mann, meinen Mann, zu verlassen. Um Hilfe zu bitten. Zu vertrauen. Ich fülle ganz gemächlich die Lücken, die durch die Abwesenheit meines Vaters entstanden sind, und erkenne meine eigenen Unsicherheiten und Selbstzweifel an. Und sie werden weniger, auch in Bezug auf meine Tochter. Ich hatte panische Angst davor, meine Krise zu ihrer zu machen. Kinder und ihre feinen Antennen, heißt es ja immer. Zu Recht.

Aber wie meine Mutter werde auch ich mein Kind, welches wie ein zartes, noch weitestgehend unbeschriebenes Blatt Papier zu mir kam, nicht fehlerfrei mit Schönschrift versehen können. Und jedes Eselsohr, das sie durch mich abbekommt, wird sie zu dem wunderbaren, einzigartigen Menschen machen, der sie im Begriff ist zu werden. Ich werde Fehler machen, und das ist okay.

Uff, das hätte mir mal jemand sagen sollen, dass ich das eines Tages schreiben würde! Als ich vor ein paar Jahren ein Interview mit einem Autor führte, zitierte dieser die Theorie des englischen Kinderarztes und Psychoanalytikers Donald W. Winnicott, und mich durchfuhr ein kleiner Blitz beim Gehörten. Ich nahm mir Winnicotts Theorie der »good enough mother«, der »ausreichend guten Mutter«, wortwörtlich zu Herzen.

Mein Gesprächspartner sagte, dass es in der Theorie darum gehe, dass man als Eltern nur einen Erziehungsjob machen kann, der ausreichend gut genug ist. Niemals perfekt. Man könne sein Kind gut genug in die Welt integrieren und ihm soziale Fähigkeiten mitgeben, die gut genug sind. Das heißt dann, dass es nicht nur die perfekte Elternschaft nicht gibt, sondern auch, dass man immer Fehler machen wird. Man wird seinen Kindern immer Sachen mit auf den Weg geben, an denen sie irgendwann leiden. Mir hat das gefallen, was er da gesagt hat.

So tragisch sich das erst einmal anhört, so menschlich und tröstlich ist es auch. Und dieser ganze Prozess von »Trial and Error«, Versuch und Irrtum, ohne daran zu zerbrechen, ist ein schmerzhafter, aber auch schöner. Dass ich das so erkennen kann, ist auch der heutigen Zeit zu verdanken, in der es immer normaler wird, sich mit sich selbst auseinanderzusetzen und zu hinterfragen.

Und auch wenn meine Mutter meint, eine Heirat könnte mich herausfordern: Ich habe meine Form des Zusammenlebens mit einem Partner gefunden, die uns jetzt und heute entspricht. Ein Ring ändert daran eigentlich nichts.

Ich kann meine Mutter natürlich nicht in meinen Kopf hineinschauen lassen, aber ich habe das für mich getan: Ich bin die Einzige in meiner Familie, die eine langjährige Therapie gemacht hat. Gerade in der Nachkriegskinder-Generation meiner Mutter ist so etwas kein Thema.

Und ich kann mir den Gedanken nicht verkneifen: Was wohl ein Mann für Mama dazu sagen würde? Zu einer Ehe mit ihr? Ob er ihr noch eine neue Form der Partnerschaft beibringen könnte?

Kapitel 21

Dünne Luft in der oberen Liga

Klaus ist zu Monikas Lesung gekommen, und die beiden haben danach noch bei einem Glas Rotwein zusammengesessen. Nächste Woche wollen sie nach Potsdam ins Museum. Ich freue mich, als ich davon erfahre.

Mama erzählt mir: »Nach der Lesung war er etwas distanziert, aber ich bin ja nach Auftritten auch immer ein bisschen ganz woanders, vielleicht lag es daran. Ich kann ihn gut leiden, wir werden sehen ...«

Wenn man öffentlich auf Partnersuche geht, bleibt es nicht aus, dass man Feedback darauf bekommt. Im Falle unseres Podcasts war das glücklicherweise immer ein sehr positives Echo, kam aber zu 99 Prozent von Frauen, die ähnliche Erfahrungen gemacht haben wie meine Mutter. Auch sie hatten beschlossen, dass ein Mann zwar schön, aber auf keinen Fall dringend nötig wäre in ihrem Leben.

Die Nachricht eines männlichen Hörers macht mich daher neugierig. Lothar W. aus Erlangen schreibt:

Sehr geehrte Frau Bienert,

(...) Sie widmen sich mit großer Offenheit einem Thema, das für viele Alleinstehende sehr wichtig ist.

Vor einiger Zeit habe ich eine Website eingerichtet, über die ich kostenlos Gespräche für Menschen auf der Suche nach einem Partner anbiete. Im Dialog möchte ich dabei den Blick schärfen für das eigene Profil und die Erwartungen an einen Partner.

Ich denke, dass ich aufgrund meiner 30-jährigen ehrenamtlichen Tätigkeit bei der Telefonseelsorge ein kompetenter Gesprächspartner bin. Häufig haben in Beziehungsfragen gerade Frauen den Dialog mit einem Mann als positiv erlebt.

(...) Vielleicht könnte ich Ihnen auch weitere hilfreiche Anregungen vermitteln.

Über ein Gespräch mit Ihnen würde ich mich sehr freuen.

Ein Blick auf seine Webseite verrät mir, dass der Mann verheiratet ist – ihm scheint es also wirklich nur um ein Gespräch zu gehen. Er bietet meiner Mutter quasi ein kostenloses Coaching an, wenn ich ihn richtig verstehe. Wirken wir inzwischen so hilfebedürftig?

Ich bin skeptisch, aber als ich Monika davon erzähle, sagt sie: »Klar, warum nicht? Bin gespannt, was ihm zu mir einfällt!«

Ich arrangiere also ein Telefonat. Dass ich mithören werde, irritiert unseren ehemaligen Telefonseelsorger keineswegs. Wie sich herausstellt, hat Monika ihn indirekt zuerst animiert, sich bei ihr zu melden.

Er sagt, gut vorbereitet und offenbar mit Notizen neben dem Telefon: »Ich wollte Ihnen ein Telefonat anbieten, weil Sie erwähnt hatten, dass einen nur das Gespräch und der Dialog weiterbringen. Und das hat mir gefallen. Also schön, dass das klappt!«

Meine Mutter antwortet fast schon mit einer ans Vergnügen grenzenden Lockerheit (ich schließe daraus, dass ihr das Gespräch Spaß macht, weil sie endlich mal nicht ihn auf Herz und Nieren prüfen soll, ob er als Partner infrage käme): »Ja, warum denn nicht? Ich habe ja auch gesagt, dass ich neugierig bin.«

Am anderen Ende der Leitung schnaubt es kurz, es könnte ein kleines Lachen gewesen sein. »Das stimmt, na, vielleicht können wir ja den ein oder anderen Aspekt zusammen beleuchten. Sie haben sich ja in den Folgen schon gut beschrieben. Mir ist aufgefallen, dass Sie ehrlich sind, selbstkritisch und manchmal auch mutig. Ich würde gern die Eigenschaften, die Sie sich da zugeschrieben haben, zusammenfassen, und Sie sagen mal: Passt das jetzt noch oder nicht? Finden Sie sich da wieder? Okay?«

Wow. Da ist sie ja. Mamas Therapiestunde, nach der sie nie gefragt hatte. Ich sitze mit gespitzten Ohren konzentriert am Lautsprecher.

Lothar fährt mit seiner Analyse und gleichzeitig auch einer Zusammenfassung unserer Suche fort: »Sie sagten mal, dass Sie sehr eigenwillig sind, ich glaube, das passt jetzt nicht mehr. Als Kind waren Sie eigenwillig, fast schon theatralisch, Sie wollten ja mal aus dem Fenster springen, aus dem 4. Stock. Da war das Theatralische, das Streben nach dem Theater, vielleicht schon angelegt, oder?«

Mama bestätigt Lothars Aussage. »Ja, mit Sicherheit. Meine Mutter hat das auch früh erkannt und mich oft in Schutz genommen.«

Lothar brummt: »Mmmh, mmmh«, und seine bedächtige und ruhige Stimme hat für mich etwas Beruhigendes: »Sie sind neugierig und offen und suchen Herausforderungen, das kann ich bestätigen, sonst würden wir ja nicht telefonieren, das kostet ja auch Überwindung, sich darauf einzulassen ...«

Monika unterbricht ihn: »Nein, das muss ich korrigieren!

Das kostet mich keine Überwindung, denn das gehört für mich zur Neugierde dazu. Ich gehe gern auf etwas zu, wenn es mich interessiert.«

Lothar hat noch einige Charaktereigenschaften auf dem Zettel, die ihm zu meiner Mutter eingefallen sind. Ich bin sehr gespannt, wo das Gespräch hinführt.

»Sie sind zielstrebig und willensstark, das gehört auch zu Ihrer Biografie. Und eine wichtige Sache, die mir noch aufgefallen ist, ist der Humor, Sie sind ein lebenslustiger Mensch und lachen viel.«

Meine Mutter nickt still und lächelt.

Langsam glaube ich, dass Lothar ein Fan meiner Mutter ist, sie wird von ihm in keiner Weise kritisch hinterfragt.

»Sie sind ja noch als Schauspielerin aktiv, halten Lesungen, stehen auf der Bühne, alle Achtung. Sie sind also eine raumfüllende Person. Da stellt sich die Frage: Wie sieht es im privaten Bereich aus? Wo ist da noch Raum für einen Mann?«

Mama antwortet nicht auf diese rhetorische Frage.

Lothar fährt nach einer kurzen Pause fort: »Ich fand es spannend, den Peter zu hören, ihren alten Freund und ehemaligen Lebenspartner. Er hat ja seine Erfahrung mit Ihrer Beziehung geschildert, und ihm war es ja dann zu eng, er meinte, er konnte sich da nicht mehr entwickeln. Aber das ist ja schon lange Zeit her, ich denke, da haben Sie sich vielleicht auch geändert ...« Lothars Stimme am Ende des Satzes gibt Raum, damit meine Mutter ihn bestätigt.

Stattdessen sagt sie, nur halb ironisch: »Ach, nicht wesentlich, glaube ich! Das, was er sagte mit dem ›Persönlichkeitsriesen‹, hat es schon ganz treffend beschrieben.«

Lothar gibt noch zu bedenken, dass aus seiner Sicht Mamas Kontaktanzeige von Anfang an wenig Erfolg versprechend war. Er konnte sie sogar fast wörtlich wiedergeben:

»Wenn ich mich recht erinnere, lautete der Text der Annonce: ›Unabhängige Künstlerin, liebt Stadt und Land, sucht Mann für alle Lebenslagen‹.« Lothar macht eine Kunstpause und sagt dann: »Um ehrlich zu sein, ich fand das viel zu allgemein, und das wurde Ihnen gar nicht gerecht.«

Das Telefonat geht fast eine Stunde, und richtig schlauer sind wir am Ende nicht. Im Gegenteil, auch Lothar bestätigt zum Abschluss, was wir eigentlich schon wissen: »Sie sind ja so eine starke Persönlichkeit, ein Mann muss Ihnen gut Paroli bieten. Ich denke, Sie spielen da in einer Liga, wo die Luft sehr dünn ist, was die Auswahl an Männern betrifft. Und da machen Sie sich ja auch keine Illusionen.«

Das trifft. Denn ich zumindest habe mir Illusionen gemacht. Verdammt. Noch mal alles auf Anfang? Sollen wir noch mal eine Anzeige aufgeben?

Es ist Zeit für eine Krisensitzung. Nach unserem Telefonat mit Lothar setzen Mama und ich uns in ein Café. Ein neutraler Ort hilft vielleicht eher, unsere Gedanken zu sortieren.

Nachdem der Kellner uns zwei Cappuccinos gebracht hat (es ist noch früh genug dafür!), gebe ich zu bedenken, dass die Luft für Mama nun dünn geworden ist, wenn es nach Lothars Urteil geht. »Bereitet dir das Sorgen, Mama?«

Meine Mutter pustet geräuschvoll Luft raus: »Pfff, natürlich nicht. Und außerdem, das wusste ich ja schon immer. Deswegen macht sie mich aber nicht atemlos.«

Monate des Ausprobierens, Datens, Suchens, Augenrollens und auch Lachens liegen hinter uns.

»Sag mal ehrlich, ist meine Mission gescheitert?«, frage ich.

Meine Mutter wiegt nachdenklich den Kopf. »Nee. Na ja,

wobei. Also in der Theorie schon. Es gibt keine neue Liebe in meinem Leben. Aber ich empfinde das nicht als Scheitern, dazu war es zu spannend und anregend! In meinem Kopf hat sich viel bewegt. Ich habe erstaunt festgestellt, dass ich viel weniger offen bin für jemanden, als ich angenommen hätte. Wahrscheinlich, weil ich mich so eingerichtet habe und ich mich dort auch gut fühle.«

»Aber ich habe an deiner Komfortzone gekratzt, oder?«

Mama nickt. »Ja, und auch meinen Ehrgeiz geweckt. Ich sehe es jetzt so: Würde mir jetzt noch mal jemand begegnen, würde ich es wie ein Geschenk entgegennehmen und mich daran erfreuen. Und wenn ich kein Geschenk mehr bekomme, ist es auch nicht schlimm, weil ich ja nicht weiß, was drin gewesen wäre. Also ich fühle mich wirklich nicht gescheitert.«

Ihre Augen sagen mir, wie sie der Gedanke eher belustigt, dass das Unternehmen »Ein Mann für Mama« erfolglos gewesen sein soll. Das ist nichts, was ihr je Angst gemacht hätte. Nein, ihr Leben geht weiter. Natürlich!

»Und schau mal, auch die vielen wunderbaren Gespräche, die wir geführt haben. Wir beide, aber auch mit anderen Leuten. Und auch noch mal von so vielen Frauen zu hören, wie selbstbestimmt sie sind, und zwar ganz anders als Männer, das fand ich unglaublich spannend.«

Ich bestelle zwei Prosecco, was soll's! Man muss die Feste feiern, wie sie fallen. Auch die ganz kleinen.

Als die angenehm großzügig gefüllten Gläser kommen, hebe ich meines in die Höhe. »Prost, Mama! Danke für deine Offenheit, immer und überall!«

Meine Mutter lacht und stößt ihr Glas mit leisem Klirren an meines. Dann sagt sie etwas, was sie mir mal in einer Geburtstagskarte geschrieben hat und was mir auch jetzt Tränen der Rührung in die Augen treibt: »Außerdem bist du ja auch irgendwie meine große Liebe, und ich bin sehr, sehr dankbar für dich! Ob mit oder ohne Mann. Prost!« Sie drückt meine Hand, und wir nehmen jede einen Schluck.

Der schale Kaffeegeschmack in meinem Mund wird von der kühl prickelnden Säure abgelöst, und ich weiß, dass auch meine Mutter in meinem Leben so eine Art Sekt ist, Pardon, Crémant, sie macht, dass es mal fröhlich perlt, und dann wieder bringt sie mich auch zum Schäumen ...

Mama spricht weiter, hinein in meine Gedanken. »Und weißt du, ich habe noch etwas gelernt: weniger Scheuklappen zu haben. Ich schaue mehr nach links und rechts, ob da am Wegesrand etwas wächst. Ich hatte zwar schon immer Schwierigkeiten, mitzubekommen, wenn mich jemand toll findet, aber ich versuche jetzt, noch aufmerksamer zu sein.«

Automatisch schaue ich mich im Raum um, ob da jemand ist, der solche Aufmerksamkeit verdient, und mir fällt ein: »Und was ist denn eigentlich mit Klaus, wirst du ihn weiter treffen?«

»Na klar! Er ist eine tolle Bereicherung für mein Leben, ihn hätte ich ohne die ganze Aktion ja nicht kennengelernt. Und wann lernt man in meinem Alter schon neue Freunde kennen? Da ist es ja leider eher umgekehrt, man verliert Freunde. Von daher finde ich es bemerkenswert, noch mal einen Mann getroffen zu haben, mit dem ich auf einer Wellenlänge bin und ähnliche Interessen teile und der mir nicht nach einer Stunde auf den Keks geht. Das ist viel wert, auch wenn wir kein Liebespaar werden.«

Ich bedaure, das zu hören, und frage mich, ob das für Klaus auch schon so feststeht. Und wenn ja: Warum? Er als völlig Unbekannter hat meine Mutter sicher noch mal ganz anders wahrgenommen. Aber wie? Mich hat meine journalistische Neugier gepackt, mehr herauszufinden.

Ich schreibe später mit Sanne, ob sie mal vorfühlen könne, wie ihr Vater so drauf ist – vielleicht kann ich ihn ja mal anrufen?

Sanne schreibt kurz darauf zurück:

> Mein Papa findet es voll ok, du kannst ihm gerne
> Fragen stellen.

Ich führe vor meinem Badezimmerspiegel, wo ich die Nachricht lese, einen kleinen Tanz auf. Ich freue mich richtig darauf, mit Klaus zu sprechen und seine Eindrücke zu hören. Ich verabrede mich mit ihm, ebenfalls per WhatsApp, für ein Telefonat am nächsten Vormittag.

Klaus gehört jedenfalls nicht zu den Menschen, die ihr Handy überallhin mitnehmen, auch ins Bad, so wie ich. Etwas atemlos geht er erst nach langem Klingeln ran. Er klingt so sympathisch, wie er auf den Fotos auch aussah, und wir duzen uns direkt, und ich möchte erst mal wissen, wie lange er eigentlich schon Single ist.

Klaus fasst mir sofort ohne Hemmung die letzte Zeit seiner Beziehung zusammen. Er ist erst seit zwei Jahren wieder solo – nach 27 Jahren Beziehung! Als seine langjährige Freundin in Rente gegangen war, seien ihre gemeinsamen Interessen und Vorstellungen vom Rentnerleben immer weiter auseinandergedriftet, erzählt er. »Dates«, wie das mit Monika, hätte er schon sehr lange nicht mehr gehabt und ein Blind Date noch nie. Na bitte, die erste Gemeinsamkeit mit meiner Mutter. Check. Haken dran.

Wie es ihm bei dem ersten Treffen mit Monika ging und was er gedacht hat, möchte ich von ihm wissen, als wir uns warm gequatscht haben.

Klaus antwortet ganz diplomatisch: »Ach, ich hab gar nichts gedacht. Ich hatte so viele Beziehungen schon in meinem Leben, ich gehe an so etwas ziemlich emotionslos heran.«

Das klingt ja fast schon abgefrühstückt, aber wer aus einer so langen Beziehung kommt, sucht wahrscheinlich genauso beiläufig wie meine Mutter vor unserem »Ein Mann für Mama«-Projekt. Und der Mann ist Naturwissenschaftler, fällt mir da wieder ein. Er ist wohl einfach mehr der analytische Typ.

»Ich suche nicht nach einer neuen Liebe, auf keinen Fall«, bestätigt mir Klaus und formuliert seine Gemütslage so: »Man hat es ja auch nicht mehr so nötig, die Hormone drängen nicht mehr so wie früher. Also als junger Mann war man ja verschärft darauf aus, eine tolle Frau kennenzulernen und möglichst mit ihr im Bett zu landen. Früher oder später, gerne früher – diese Komponenten entfallen ja.«

Witzig, dass er den Sexpunkt sofort als Erstes bei einer möglichen Partnersuche anbringt, ein Argument, das bei keiner der interviewten Frauen sofort zur Sprache kam.

Klaus resümiert: »Weißt du, ich kann mich selber ernähren, meine Hemden bügeln und so was alles, also dass mich eine Frau pflegt und bewirtet, fällt auch aus. Okay, das mit der Pflege kann ja noch kommen, aber gerade geht's mir ja gut. Es ist sehr schön so, muss ich sagen.«

Und jetzt schippern wir doch in gewohntes Fahrwasser der urbanen Singlegeneration 70 plus.

»Auch ein Zusammenziehen käme, glaube ich, nicht

mehr infrage. Ich kann den Fernseher anmachen und meine wissenschaftlichen Sendungen angucken, oder Sport, Politikmagazine ... Und da will man natürlich nicht mehr hören: Was für einen Mist schaust du dir denn da an? Also das will ich nicht mehr hören! Ich hab ja auch alles, meine Wohnung, mein Leben, meine Versorgung, ich kümmere mich regelmäßig um meine sechs Enkel und springe ein, wenn ich gebraucht werde – ich bin eigentlich schwer beschäftigt.«

Seine Stimmlage verstärkt das Ende des Satzes noch mal überdeutlich. Punkt. Schwer beschäftigt. Zufrieden mit dem Leben, so, wie es ist. Tja, also wird aus seiner Sicht auch nichts aus Mama und ihm? Jetzt erzählt mir Klaus ein paar Details von den Treffen, und ich bekomme ganz heiße Ohren und muss mich zusammenreißen, um meine Mutter nicht sofort zu verteidigen. Was Klaus erzählt, kann ich nur teilweise nachvollziehen.

»Ich merke bei deiner Mutter sehr stark, dass die Zeit, die sie alleine ist, sie sehr geprägt hat und sehr eigenständig hat werden lassen. Ein Beispiel: Wenn eine Frau in diesem Alter sich ungern die Tür aufhalten lässt, schrillen bei mir die Alarmglocken, und ich weiß, welche Vorgeschichten da eine Rolle spielen. Und da sag ich mir: Okay, du hast dein Leben selber gefunden und dich entwickelt, da weiß man dann schon, dass man da eigentlich kaum noch reinkommt. Also das Offene, was man als junger Mensch hat, wo man versucht, zu erforschen und zu experimentieren, das ist natürlich vorbei, und Verhaltensweisen sind ziemlich festgelegt.«

Wirft er meiner Mutter gerade vor, dass sie sich absichtlich nicht die Tür hat aufhalten lassen? Wo sie doch genau solche Gesten zu schätzen weiß? Ich ahne, dass meine (forsche) Mutter einfach, ohne nachzudenken und ohne den Weitblick, eine freundliche Geste zu bemerken, selbst irgendwo hindurchgestapft ist – bestimmt, weil sie gewohnt ist, sich Türen selbst zu öffnen. Oh, ja, das kann man jetzt auch gern metaphorisch verstehen, aber das war sicher keine Absicht. Aber ja, es zeigt womöglich, dass sie schon lange ohne Mann lebt.

Klaus hat es offenbar verschreckt. Oder?

»Nein, verschreckt hat mich gar nichts. Ich habe nur nach unseren weiteren Gesprächen mit ganz großem Bedauern meine eigenen Zweifel zur Kenntnis genommen. Da ich nun mal sehr vielseitig interessiert bin, habe ich bei deiner Mutter Bedenken, dass dann 50 Prozent von meinen Interessen auf der Strecke bleiben – denn sie interessiert sich nicht für Sport, nicht für Fahrradfahren ... Also mal die Seele baumeln lassen und durch die Gegend radeln geht nicht. Sie fährt ja auch nur Auto, keine öffentlichen Verkehrsmittel! Erzähl ihr das bloß nicht, ich hab ja noch die Hoffnung, dass sich das ändert oder dass das eine Fehlbeobachtung von mir ist – wenn sie sagt ›Öffentliche Verkehrsmittel kommen für mich gar nicht infrage‹ –, aber das schränkt ja sofort kolossal ein. Da weißt du dann auch nicht mehr so recht als Mann, wie du dich verhalten sollst, und das sind die Dinge, die die Männer auch von der Matte treiben.« Klaus lacht. »Ich dachte: Hilfe, was hab ich denn jetzt gemacht? Kein Fahrradfahren, dies nicht, das nicht, die Frage lautet dann: Willst du dich danach richten oder nicht? Und: Nein, das möchte ich nicht.«

Keine Kompromisse mehr. Weder auf der einen noch auf der anderen Seite. Dabei liebt es meine Mutter, nächtliche Boxwettkämpfe zu schauen, und auch große Fußballturniere zur EM oder WM laufen bei ihr. Und sie probiert neue Kurse in ihrem Fitnessstudio aus – irgendwie müssen die beiden in Sachen Sport aneinander vorbeigeredet haben. Ja, gut, das mit dem Radfahren scheint ein großes Thema zu sein bei den Männern in ihrer Generation. Meine Mutter hat eben nie wirklich Radfahren gelernt und ist sehr ängstlich, wann immer wir es mal auf einem Parkplatz oder einer stillen Seitenstraße probiert haben. Das wird einfach nichts mehr in diesem Leben. Aber ist es meine Aufgabe, das Klaus zu erklären? Wohl kaum. Also höre ich weiter zu, wie er noch mal ausholt.

»Und dann kommt hinzu, was allen Künstlern zu eigen ist, und ich habe das so viel erlebt, dass ich begriffen habe, dass Künstler im zwischenmenschlichen Bereich nicht die besseren Menschen, die größeren Humanisten sind, sondern den anderen brutal in die Ecke stellen und verdrängen können. Ich kenne das auch von anderen, komme damit klar. Aber ich kann mir vorstellen, dass das eben auch nicht viele tun. Wenn da so ein armer Naturwissenschaftler, wie ich auch einer bin, die Zusammenhänge eben nicht kennt, bezieht er dann manche Aussagen auf sich und guckt dann dumm aus der Wäsche. Und sagt lieber ›Adiós‹.«

Ich bin ganz still geworden am Ende der Leitung. Überlege, ob Klaus einfach gerade sehr verallgemeinert oder nur auf meine Mutter anspielt.

Da fügt er noch unerwartet hinzu: »Aber es gibt ja gar keinen Grund, sich vom Acker zu machen, das sind alles nur Missverständnisse!«

»Aber wie geht's mit euch denn jetzt weiter?«, frage ich irritiert.

»Wir werden sicher kein Paar, aber Monika ist natürlich eine Bereicherung. Ich komme ja, wie gesagt, von der naturwissenschaftlich-technischen Seite, und da sind künstlerische Menschen immer eine Bereicherung.«

»Danke übrigens, dass du keine Turnschuhe getragen hast!«, sage ich zum Schluss unseres Gespräches.

Klaus lacht. »Ach was, die trage ich nur zum Sport! Ich will nicht sagen, dass ich ältere Männer hasse, die in ihren tollen Turnschuhen und mit T-Shirts mit dicken Marken drauf auftreten, aber nee ... Das ist nicht mein Ding!«

Erst teilt er so aus, und dann gibt es doch wieder mehr Gemeinsamkeiten als bei allen anderen neuen Bekanntschaften. Und seine Bemerkung, dass alles nur Missverständnisse seien? Ich glaube, die beiden müssen sich einfach noch besser kennenlernen. Ich bin sicher, dass sie noch eine schöne, freundschaftliche Zeit vor sich haben.

Schließlich kennt er sich ja mit den Eigenheiten von Künstlerinnen bestens aus.

Kapitel 22

(K)ein Mann für Mama?

Eineinhalb Jahre sind seit Beginn unseres Experiments »Männersuche« vergangen. Und nein, es gibt ihn nicht, den einen Mann. Dass meine Mutter es sich gut eingerichtet hat in ihrem Leben? Dass sie zufrieden ist? Das wusste ich, und zwar nicht erst seit meinen Bestrebungen, ihr eine Kirsche auf die Sahne zu setzen. Das war rückblickend wirklich ein wenig zu ambitioniert. Bin ich im Herzen vielleicht Matchmaker und will Leute verkuppeln? Ich muss mir eingestehen, dass das schon ein wenig stimmt. Irgendwie möchte ich, dass jeder jemanden findet, der sein wunderbares Wesen erkennt, jemanden, mit und an dem man weiter wachsen kann. Denn auch das hat mir diese Suche mal wieder deutlich gemacht: Das ist der Kern einer guten Beziehung.

Was ich auch nie wieder unterschätzen werde, ist die Kraft in uns Frauen zur Selbstfürsorge. Ich weiß inzwischen einmal mehr, dass meine Mutter selbst in der Lage ist, sich um ihre Bedürfnisse und Träume zu kümmern. So wie viele, viele andere Frauen auch.

Mama telefoniert weiterhin jeden Tag mit Volker, und daran wird sich wohl auch nie etwas ändern. Inzwischen bin ich sicher, dass sie ihr Herz immer noch bei ihm geparkt hat. Aber auf einer anderen Ebene. Die beiden führen eine platonische Fernbeziehung, die ihnen die Freiheit des Gedankenaustauschs schenkt, ohne den anderen für sich zu beanspruchen. Eine enorm wichtige Verbindung, die ich vielleicht unterschätzt habe. In Mamas Alter gewichten sich Dinge eben anders.

Auch wenn wir uns körperlich nicht mehr nah sind, hat es tatsächlich jeder Mann seit dieser Begegnung schwer, die geistige Ebene zu toppen, auf der wir unterwegs sind. Diesbezüglich ist Volker mein Traummann. Was für ein doofes Wort, aber du weißt, was ich meine! Das ist mir jetzt noch mal wirklich bewusst geworden. Diese Seelenverwandtschaft bedeutet mir sehr viel.

Von Eckhardt haben wir nie wieder etwas gehört, aber sein gelbes Handtuch, Pardon, die Tunika!, darf jeden Mittwoch mit in die Sauna, wo Mama nach ihrem Sport hingeht. Neuerdings macht sie Tai-Chi. Bei einem sehr heißen Lehrer, wie sie neulich lachend bemerkte, als ich sie darauf ansprach, warum sie denn geschminkt vom Sport käme! Das würden neuerdings alle Frauen im Kurs machen, seit Jorgo beim Frauenfitnessstudio angefangen habe. Keine käme mehr »wie aus dem Bett gefallen«.

Klaus ist eigentlich schon so etwas wie ein Volltreffer, aber auf der ergänzenden Ebene zu Volker. Mit ihm geht sie nach wie vor in Ausstellungen oder in Konzerte. Neulich erwähnte Klaus, dass er in Breslau war und das Tal der Schlösser besucht habe, meine Mutter rief: »Oh, in Breslau bin ich geboren, aber ich war so lange nicht mehr dort!« Und da haben sie beschlossen, spontan noch mal zusammen hinzufahren.

Lissabon kann meine Mutter auf ihrer Wunschliste jetzt jedenfalls abhaken, dort haben wir beide im Spätsommer drei wunderbare Tage verbracht.

Liljana und Michael sind immer noch zusammen und haben ihre Onlineprofile auf dem Singleportal längst gelöscht. Ich will ja nicht laut beschrei(b)en, was ihr »Geheimnis« ist. Aber ich kann verraten: Auch wenn sie immer noch kein gemeinsames Häuschen auf dem Land haben, pflegen sie im Sommer ihre geheime Nacktbadestelle am See mitten in der Stadt.

Peter ist nach wie vor Single; Karo und Rita sind ohne Mann beziehungsweise ohne festen Tanzpartner. Wirklich unglücklich sind alle drei darüber nicht.

Aber wann immer wir uns bei einem Geburtstag begegnen, tauschen wir uns über unsere aktuelle Gefühlslage aus. Und ohne Podcast und Buch wären wir nie so offen miteinander: ein Gewinn!

Was ich aus den Gesprächen mit »den Alten« mitgenommen habe, ist, im Hier und Jetzt zu leben, nicht zurückzuschauen und das Leben – und vor allem die Liebe – wertzuschätzen. Überhaupt hat sich mein Blick auf diese Generation geschärft. Es passiert kaum noch, dass ich ältere Menschen nicht wahrnehme. Manchmal versetzt mir ihr gebrechlicher Zustand einen Stich, und manchmal zaubert mir ihr waches Wesen ein Lächeln ins Gesicht.

Ich überlege jetzt schon, wie ich alt werden möchte. Sogar, wie ich vielleicht mit meiner späten Sexualität umgehen kann. Zu welcher Kategorie Frau werde ich dann gehören? Werde ich die mit dem ›Partner‹ im Nachtschränkchen oder die, die keine Lust mehr hat? Oder doch die, die noch gern das Bett mit ihrem Mann teilt?

Wie auch immer meine Antwort im Alter lauten wird, ich habe keine Angst mehr vor dem Altwerden. Vor meinem Leben als »Oma«. Ich bin sicher, dass es wunderbar wird, und, dass meine Mutter zu ihrem 90. auf dem Tisch tanzt. Er muss ja kein so hoher sein. Und natürlich nicht allein, nein. Mit ihrer Familie und hoffentlich noch vielen von ihren Freundinnen. Und auf gar keinen Fall zu Musik von Helene Fischer.

Nachwort

Als mich Magdalena fragte, ob ich mir vorstellen könnte, mit ihr auf die Suche nach einem »Mann für Mama« zu gehen, fand ich es nach anfänglicher Skepsis spannend. Obwohl bis dato diese Frage für mich nicht relevant war.

Neugierig, wie ich bin, und eingedenk der von mir gern zitierten Verszeile Brechts: »Neu beginnen kannst du mit dem letzten Atemzug«, begab ich mich bereitwillig mit meiner Tochter auf diese unbekannten Pfade.

Dass dieser Weg, so heiter, wie er für mich begann, auch grundsätzliche Fragen aufwerfen würde, hatte ich nicht bedacht. Fast alles, was wir unternahmen, war Neuland. Die Annoncen, die Treffen mit den Kandidaten, selbst der Tanzbarbesuch im 70er-Jahre-Ambiente, eigentlich meine Zeit, hinterließen einen faden Geschmack. Auch der Besuch des »Keese«, der überaus unterhaltsam war vor allem durch die starken Cocktails, minderte dieses Gefühl in der Rückschau nicht.

Hatte ich doch während meiner Jugend- und Erwachsenenzeit weder Tanzveranstaltungen noch Discos besucht. Meine Vergnügungen fanden bei heimischen Maskenbällen oder Partys, bei Tanzstundenbällen, Studenten-und Künstlerfesten statt. Oder in der Bar des Theaterclubs »Die Möwe«. Später dann waren es Premierenfeiern, meine eigenen. Bei fremden fühlte ich mich nicht gut, denn es waren nicht meine »Siege«, und ich verließ sie meist beizeiten.

Und nun war ich plötzlich sozusagen »Anfängerin« auf einem Markt der weiblichen Sehnsüchte nach männlichem Schutz, nach Sicherheit, vielleicht auch nach einem schnellen Vergnügen. Und das ab fünfzig aufwärts. All dies, so meine Erfahrungen, konnte man nicht bei dieser Art des Begegnens finden. Wie aber sonst? Schnelldating, Portale, bei denen man Menschen nach einem kurzen Blick wegwischt? Ist das nicht entfremdet vom Eigentlichen? Von der persönlichen Begegnung, wo Nähe durch Gespräch, Geruch, Lächeln, Berührung entstehen kann. Und die meist zufällig stattfindet.

Und so fragte ich mich natürlich auch, ob ich diese Suche überhaupt wollte. Was bedeutet »Ein Mann für Mama«?! Wie weit könnte ich in meinem Alter noch kompromissbereit sein? Oder bin ich vielleicht gar nicht so offen, wie ich von mir denke? Will ich mich überhaupt auf einen anderen Menschen einlassen?

Der Mensch, auf den ich mich zuletzt mit Haut und Haaren eingelassen hatte, begleitet mich seit nunmehr 24 Jahren. Ich bin in einem festen Freundeskreis eingebunden, habe noch meine Lesungen, meine Interessen, meine Enkeltochter und nicht zuletzt meine Tochter mit ihrem Partner. Magdalena, die mich gefordert hat, die die richtigen Fragen stellte, denen ich nicht ausweichen konnte und mochte. Das Meinkind, aus dem eine junge Frau und kluge Journalistin geworden ist. Vielleicht wäre es mir ohne diese neue, andere Nähe so nicht bewusst geworden.

Doch zurück zum Thema, denn wenn da nicht meine Neugier wäre ... Wie heißt es im Volksmund so schön: »Eine Frau braucht drei Männer – einen für den Chic, einen für den Scheck und einen für den Schock.« Ich weiß, das klingt etwas flapsig. Aber wahrscheinlich bin ich immer noch unbewusst auf der Suche nach einem, oder zweien, oder gar nach allen dreien??? Wer weiß ...

Mir ist jedenfalls klar geworden, dass all die üblichen Unternehmungen, jemanden kennenzulernen, für mich nicht infrage kommen, ja, auch noch nie in meinem Leben der Weg waren.

Ich bin Magdalena dankbar, dass wir diese Unternehmung gemeinsam gestartet und auch, wie ich finde, erfolgreich beendet haben. Denn es hat sich gezeigt, dass mein Weg eben mein Weg ist, der für andere Frauen möglicherweise Anregung sein kann, aber auch so nicht zutreffen muss.

In jedem Fall aber ist die Partnersuche ab einem gehobenen Alter schwierig, nicht nur für Frauen. Wir bewegen uns in Mustern, die man nicht durchbrechen kann oder auch nicht will. Trotzdem: »Neu beginnen kannst du mit dem letzten Atemzug.«

Monika, im Sommer 2019

Und, weil ja nur Gespräche uns weiterbringen,
kommt hier noch eine kleine Anregung fürs
nächste Kaffeekränzchen mit den eigenen Eltern.
Das bringt garantiert Schwung in die Familienrunde 🙂

»Ein Fragebogen für Mama«

1. Wann warst du zuletzt richtig glücklich?

2. Bist du manchmal einsam?

3. Was willst du unbedingt noch machen?

4. Worüber haben wir noch nie gesprochen und warum nicht?

5. Wonach sehnst du dich manchmal?

6. Was wolltest du mir schon lange mal sagen?

7. Was hast du anders gemacht als deine Mutter und warum?

8. Was hat dich am meisten zu dem Menschen gemacht, der du heute bist?

9. Hast du eigentlich noch Sex?

10. Was hast du dir bis heute nicht verziehen und warum nicht?

11. Was ist das größte Missverständnis zwischen uns?

12. Würdest du mit deinem heutigen Wissen etwas anders machen?

13. Wer war dein Vorbild, als du 15 warst, und wer mit 35?

14. Was würdest du deinem 30-jährigen Ich heute raten?

15. Welchen Rat hast du mir nie gegeben?

16. Was war deine größte Herausforderung im Leben?

17. Was konnte ich dir beibringen?

18. Bist du stolz auf mich?

19. Was sollen deine Enkel von dir in Erinnerung behalten?

20. Ein Satz von dir, den ich nie verstanden habe, lautet:

21. Etwas, das ich dir gern schon eher gesagt hätte:

22. Warum fällt dir   so schwer?

23. Diese Sache wünsche ich mir, mit dir noch zu erleben:

24. Ich bewundere an dir, dass:

25. Ich sage dir Danke für:

Dank

Allen voran gilt mein Dank natürlich meiner Mutter Monika, die gar nicht so genau wusste, worauf sie sich da überhaupt einlässt (bitte hier ein Herzchenaugen-Emoji denken).

Ich bedanke mich auch aus tiefstem Herzen bei allen Gesprächspartner*innen, Freund*innen und Familienmitgliedern, die so offen und vertrauensvoll die intimsten Dinge mit mir und später auch bereitwillig mit der Öffentlichkeit geteilt haben. Ihre Namen wurden im Buch teilweise geändert.

Ohne den gleichnamigen Podcast hätte es dieses Buch nicht gegeben – deshalb ein großer Dank auch an alle Jury-Mitglieder, die »Ein Mann für Mama« beim Call-for-Podcast als Serie hören wollten und für mich gestimmt haben.

Daher auch ein Dankeschön an den Bayerischen Rundfunk für diese Möglichkeit und ein Danke im Speziellen an Philipp von Bayern 2 für die redaktionelle Unterstützung und lineare Ausstrahlung.

Mein Dank gilt ebenso Christiane und Roswitha. Toll, dass ihr Podcast-Fans seid und dieses Audio-Projekt als Buch gesehen habt. Und ein dickes Merci an Caroline – für deine Unterstützung, die Tipps und Ideen für die finale Umsetzung. Ich habe viel gelernt.

Liebe Franziska, danke für dein Coverfoto!

Ich entschuldige mich bei meiner Tochter Matilda für oft verkürzte Vorlesezeiten, um abends weiterschreiben zu können, und dafür, dass dies kein Kinderbuch geworden ist, wie sie gehofft hat.

Danke an meinen Freund Max für die bedingungslose Unterstützung und Liebe.

Quellenverzeichnis

Mitgliederanalyse »ElitePartner-Studie 2017« in Zusammenarbeit mit dem Marktforschungsinstitut Fittkau & Maaß

Statistisches Bundesamt: »Die Generation 65+ in Deutschland«, 2015

Demography Journal, 2015: »Parental Well-being Surrounding First Birth as a Determinant of Further Parity Progression« von Rachel Margolis, Mikko Myrskylä

Horst Petri: »Das Drama der Vaterentbehrung«, Herder/Spektrum, Freiburg im Breisgau 1999

www.aerzteblatt.de →Sexualverhalten in Deutschland

sowie Communitys von *netdoktor.at* und *brigitte.de*

Berliner Altersstudie II (BASE II)

Nils Beckmann im *British Medical Journal:* »Secular trends in self reported sexual activity and satisfaction in Swedish 70 year olds: cross sectional survey of four populations, 1971–2001«

Stiftung Digitale Chancen: »Masterplan Digitalisierung und Demographischer Wandel 2018–2021«

Mariam Irene Tazi-Preve: »Das Versagen der Kleinfamilie«, Verlag Barbara Budrich, Leverkusen 2017

Volker Dittrich: https://wiederzuzweit.de

Prof. Michael Schulte-Markwort

Familienjahre

Wie unser Leben mit Kindern gelingt

Kinder sind wunderbar. Trotzdem stellt der Alltag mit ihnen Eltern vor unzählige Entscheidungen. Der renommierte Kinder- und Jugendpsychiater Prof. Michael Schulte-Markwort zeigt in seinem Begleitbuch, wie Eltern das Familienleben aktiv gestalten – mit Kindern im Babyalter und erst recht mit Heranwachsenden. Was zählt, ist der Mut, sich über die eigene Haltung klar zu werden. Dann gelingt die Kommunikation auf Augenhöhe – und auch die Beziehung zwischen Eltern und Kind. Leicht umsetzbare Tipps helfen jeder Familie, den für sie richtigen Weg zu finden. Damit Familienjahre gelungene Jahre sind.

DROEMER

Eva Schulte-Austum

Vertrauen kann jeder

Das Rezeptbuch für ein erfülltes Leben

Wie aber schafft man es, sich und anderen zu vertrauen? Wie gelingt es wirklich, Beziehungen zu führen, in denen wir uns sicher und unterstützt fühlen?

Die Wirtschaftspsychologin Eva Schulte-Austum weiß, woran wir Vertrauensfallen erkennen und wie wir nach Enttäuschungen einen »Vertrauenskater« überwinden.

In diesem Buch erklärt die Vertrauensexpertin anhand von lebendigen Geschichten neun bewährte Rezepte, die Beziehungen gelingen lassen und uns für den Alltag stark machen. So gehen wir leichter durchs Leben – und finden unser Glück.

Ein Buch, das informiert, unterhält
und Mut macht.